油品销售企业环保系列丛书

环境保护案例

牛思雅　主　编

中国石化出版社
HTTP://WWW.SINOPEC-PRESS.COM

内 容 提 要

《环境保护案例》是“油品销售企业环保系列丛书”之一。本书分为6章，紧紧围绕环境影响评价法、大气、水、土壤、噪声、固废污染防治法，精选各类环境污染案例92个，每个案例都包括对基本事件的梳理、处罚情况分析、案例启示以及法律条款的理解与适用等，对涉及违反环保“三同时”、超标排放、违反排污许可规定、环境污染犯罪、破坏生态环境等案例，深入浅出，让读者在阅读中了解环保法律法规，有效提升环保法治宣传的效果。

《环境保护案例》适合油品销售企业机关、片区、库站等从业者阅读参考。

图书在版编目（CIP）数据

环境保护案例 / 牛思雅主编 . — 北京：中国石化出版社，2020.5（2025.1 重印）
（油品销售企业环保系列丛书）
ISBN 978-7-5114-5762-2

Ⅰ . ①环… Ⅱ . ①牛… Ⅲ . ①环境保护法—案例—中国 Ⅳ . ① D922.685

中国版本图书馆 CIP 数据核字（2020）第 056248 号

中国石化出版社出版发行
地址：北京市东城区安定门外大街58号
邮编：100011 电话：（010）57512500
发行部电话：（010）57512575
http://www.sinopec-press.com
E-mail：press@sinopec.com
宝蕾元仁浩（天津）印刷有限公司印刷
全国各地新华书店经销
*
710×1000毫米 16开本 11.25印张 184千字
2020年6月第1版 2025年1月第2次印刷
定价：48.00元

《环境保护案例》编委会

主　　编：牛思雅
副 主 编：腾天骄
主　　审：李　援　刘汉坤　刘世福
编写人员：蒋学书　周国英　史鑫磊　杨成城　徐　可

前言
PREFACE

好书不厌百回读，熟读深思子自知。收获一本好书犹如结识一位挚友，在安静中相识，在交流中收获，在深入后自省。《油品销售企业环保系列丛书》正是这样一位良师益友，通过反复地阅读，会让每位读者对成品油零售行业的环保工作有了崭新的认识，也更深刻地领悟“绿水青山就是金山银山”“山水林田湖草是生命共同体”的真谛。

近年来，生态环境的持续恶化已经严重影响了正常的生产生活秩序。国家重拳出击，以雷霆之势迅速打响蓝天、碧水、净土污染防治“三大战役”。绿色环保已经成为企业健康快速发展的前置条件，更成为在严苛市场竞争中的金字招牌、企业的核心竞争力。

作为“美丽中国”的践行者，中国石化销售企业的员工必须要有“打铁还需自身硬”的态度，扎实工作，努力让环保工作再上一个新台阶。这套从实践中来再到实践中去的丛书，深入浅出、简洁明了地讲解知识，以点带面，易读好用。不仅系统进行了知识梳理，还从突发事件的应急处置到前车之鉴的事故案例，提示了各类环保隐患和风险，同时还创新性地融入了互动交流模式，提纲挈领、阐述要点，值得推荐。

进学致和，行方思远。希望我们每一位读者在此书的阅读中，学有所思、学有所获、学以致用，共同建设美丽中国。

目录

CONTENTS

第一章

《环境影响评价法》相关案例

扫码即获更多阅读体验

建设项目环境影响评价主要是在决策和开发建设活动中，防止新建项目产生污染和生态环境破坏的重要措施，是我国实施可持续发展战略、实行以预防为主环保政策的重要体现。但在实际执行过程中，仍旧出现了诸多违法、违规的情况，本章重点介绍了建设项目未批先建、环评数据弄虚作假、重大变更未开展环评以及其他相关典型案例，并对相关法律责任和法条解析作了详细阐述。

要点导图

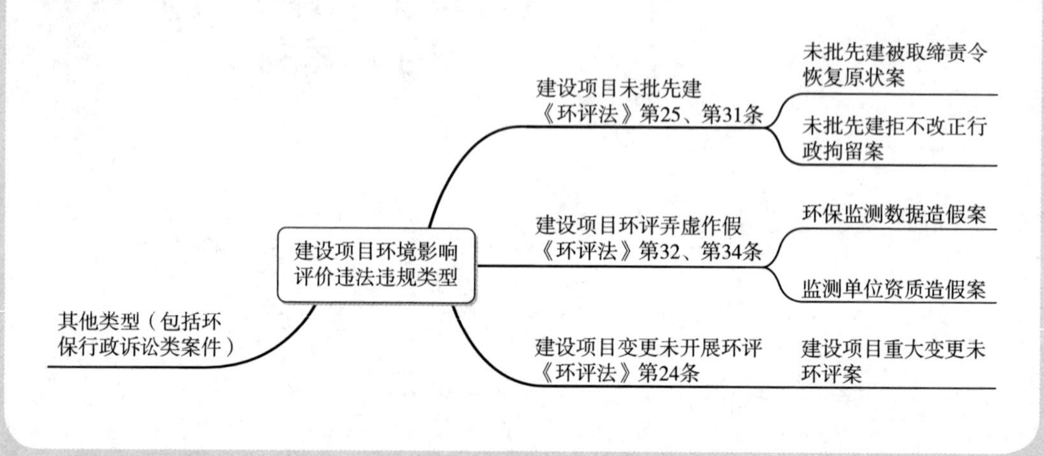
建设项目环境影响评价违法违规类型
建设项目未批先建《环评法》第25、第31条
未批先建被取缔责令恢复原状案
未批先建拒不改正行政拘留案
建设项目环评弄虚作假《环评法》第32、第34条
环保监测数据造假案
监测单位资质造假案
建设项目变更未开展环评《环评法》第24条
建设项目重大变更未环评案
其他类型（包括环保行政诉讼类案件）

第一节 《环境影响评价法》基本信息及相关案例

《中华人民共和国环境影响评价法》（以下简称《环评法》）是为了实施可持续发展战略，预防因规划和建设项目实施后对环境造成不良影响，促进经济、社会和环境的协调发展，是环境保护领域的基础性、综合性法律之一。现行《环评法》（2018年版）分为总则、规划的环境影响评价、建设项目的环境影响评价、法律责任和附则。

以案释法

一 建设项目“未批先建”案例（即未依法开展环境影响评价擅自开工建设）

1. 实例分析

【案例一】建设项目未批先建被依法取缔，责令其恢复原状

事件经过：2019年3月5日，香格里拉市环境保护局接到一起关于ZN加油站涉嫌违规建设的投诉。随即，环境监察执法大队第一时间到达现场进行调查。调查情况为：ZN加油站位于藏东物流旺池卡综合产业园区内，2019年1月15日成立，注册资金300万元，已投资50万元，经营范围为汽油、柴油零售，采用橇装式加油装置，油箱存储类别分为0号柴油和92号汽油。该加油站未取得环评手续即开工建设，属未批先建，处于停业状态。通过现场勘查走访、拍照，并对法人作调查询问笔录与现场勘查笔录等方式调查核实，该加油站属“未批先建”。

2019年3月6日上午，ZN加油站法人魏某到香格里拉市环境监察执法大队作调查询问笔录。随后，环境监察执法大队再次到现场检查，并作了《香格里拉市环境保护局现场检查（勘察）笔录》。2019年3月7日下午，市消防大队、市税务局建塘分局、市市场监管局、市综合执法局、市工信局、市公安局、市环保局、市应急局等部门开展现场联合执法行动。15时9分，市应急局工作人员、中国石化技术员进行油量检查，确认油箱内部已无存油。随后，对加油站设备拆除，用吊车将加油站设备转移到G214线公路对面空地上临时安置。

处罚情况：ZN加油站未取得环评手续即开工建设并投入运营，违反了《中华人民共和国环境影响评价法》（2018年版）第25条的规定，属"未批先建"违法行为。依据《中华人民共和国环境影响评价法》（2018年版）第31条第1款的规定，作出行政处罚，罚款人民币5000元。各部门依据各自职能要求，依法对其进行相应处罚。多部门现场联合执法，对ZN加油站进行依法取缔处理作出行政处罚：罚款人民币5000元；依法取缔，责令其恢复原状。

事件启示：一是环保部门查处未批先建等违法案件的切入点具有多样性，包括日常检查、专项督查、群众举报现场核查等方式，企业对于环保手续办理工作万不可存有侥幸心理。二是对于已建成的项目，市区各级执法部门有权联合执法，强制拆除、恢复原状。因此，企业必须严格按照环评管理有关规定，在开工建设前，委托有资质的第三方技术服务机构办理环评手续，应确保程序合法，环保手续齐全，依法合规建设。

【案例二】建设项目未批先建、拒不改正，责任人被行政拘留

事件经过：2019年1月8日，重庆市长寿区环境行政执法支队对重庆某建材加工有限责任公司进行现场检查，发现该公司钢渣分选项目未办理相关环评手续，于2018年12月擅自开工建设，检查当日已安装有破碎机、筛选机、干磨机等生产设备。重庆市长寿区环境行政执法支队对该公司未批先建的违法行为予以立案调查。

2019年1月9日对该公司送达了《责令改正（停止）违法行为决定书》，责令其立即停止钢渣分选项目建设。2019年2月21日执法人员在复查时，发现该公司在收到责改决定书后，新安装了3条传输带和1台焊磨机，执法人员经过拍照取证和现场勘察后，认定该公司已构成未批先建、拒不改正的环境违法行为。

处罚情况：参照《重庆市环境行政处罚裁量基准》第6条、第9条的规定，该公司未批先建拒不改正的情节应当从重处罚；根据《中华人民共和国环境影响评价法》（2018年版）第31条第1款的规定，重庆市长寿区环境行政执法支队对该公司未批先建的违法行为处以罚款人民币2.5万元（项目投资总额582961元）；根据《重庆市环境保护条例》第37条第1款、《环境保护主管部门实施查封、扣押办法》第4条第6项的规定，对该公司钢渣分选项目设施设备依法查封；根据《行政主管部门移送适用行政拘留环境违法案件暂行办法》第3条第2项的规定，将该案件移交公安部门，对该公司负责人及直接责任人实施行政拘留。

事件启示：一是为打赢保卫蓝天攻坚战，各地环境保护监督、执法部门更加注重执法"回头看"，严厉查处拒不改正的违法行为，执法人员现场勘验、调查取证，将违法事实准确锁定，进一步提高了违法后果震慑力。二是此案例中执法部门综合运用配套办法，严惩环境违法行为，将《环境保护法》及其配套办法赋予的监管权力和手段落到了实处，除实施行政处罚外，还同时实施了查封扣押、移送公安机关行政拘留，因此，企业必须严格遵守法律法规，对于环保部门下达的整改要求，要及时落实到位，避免违法性质升级。

2. "未批先建"法律责任

《中华人民共和国环境影响评价法》（2018年版）第25条：建设项目的环境影响评价文件未依法经审批部门审查或者审查后未予批准的，建设单位不得开工建设。

《中华人民共和国环境影响评价法》（2018年版）第31条：建设单位未依法报批建设项目环境影响报告书、报告表，或者未依照本法第24条的规定重新报批或者报请重新审核环境影响报告书、报告表，擅自开工建设的，由县级以上环境保护行政主管部门责令停止建设，根据违法情节和危害后果，处建设项目总投资额百分之一以上百分之五以下的罚款，并可以责令恢复原状；对建设单位直接负责的主管人员和其他直接责任人员，依法给予行政处分。

3. 法条解析

取消前置审批：环评审批不再作为核准的前置条件。

2018年第二次修改后的新《环境影响评价法》将原第25条中"该项目审批部门不得批准其建设"删去，修改为"未依法经审批部门审查或者审查后未予批准的，建设单位不得开工建设"。取消环评审批作为建设项目的前置审批后，建设项目审批部门可以先行审核批准建设项目，环境影响评价可以同时或者于其后进行。这样既不影响建设项目的投资效率，也能够预防建设项目对环境带来的不利影响。

《中华人民共和国环境影响评价法》（2018年版）将原第31条第1款中"对未批先建擅自开工建设的，责令停止建设，限期补办手续"修改为"未批先建擅自开工建设的，由县级以上环境保护行政主管部门责令停止建设，根据违法情节和危害后果，处以罚款，并可以责令恢复原状"。从新《环评法》实施起，未批先建的项目不再有限期补办手续的机会。同时，"并可以责令恢复原状"的规定，重在对已造成的环境影响进行修复，而不是简单的"一罚了之"。建设单位不仅仅要缴纳罚款、办理环评手续才能开工，还需要采取恢复原状的措施。恢复原状对于已开工的建设项目而言，经济损失巨大，也面临着建设资源的浪费。

未批先建罚款：处罚金额与项目总投资额挂钩。

《中华人民共和国环境影响评价法》（2018年版）将原第31条第1款中“对未批先建的建设项目擅自开工建设的，责令停止建设，限期补办手续；逾期不补办手续的，可以处5万元以上20万元以下的罚款”修改为“由县级以上环保部门责令停止建设，根据违法情节和危害后果，处建设项目总投资额1%以上5%以下的罚款，并可以责令恢复原状”。一直以来，违法成本低是造成未批先建的重要原因。之前处罚项目未批先建，建设项目不论大小都依照一个处罚区间，最高罚款20万元。因此一些大型项目，宁愿被罚也要未批先建，不能体现环境危害程度的差异。新《环评法》将按照违法建设项目投资总额百分比决定罚款额，让违法者望而却步。

二　环评弄虚作假案例

1. 实例分析

【案例三】四川省ZS环保科技有限公司环评监测数据造假

事件经过：2017年1月，ZS公司市场部安排内勤负责人占某跟进四川省环科源科技有限公司（环评报告编制单位）、四川恒胜化工有限公司（环评业主单位）共同委托的工业副产芒硝生产硫化钠资源循环利用项目环境质量现状检测任务。期间，占某由于各种原因未安排该项目的检测工作。到9月，市场部要求立即提交检测报告，占某才安排检测人员于10月6～12日到四川恒胜化工有限公司（绵阳市安县睢水镇）开展了现场采样检测，公司按正常流程出具了2016号检测报告。占某提前拿到了2016号检测报告数据电子版，为满足项目检测方案要求，占某对检测数据的电子版进行了第一次修改，将采样日期改为2017年2月11～17日，并将修改后的检测数据交给环评报告编制单位。因环评报告编制单位对某些数据提出了质疑，占某于10月底进行了第二次修改，修改了TSP、PM2.5、PM10的数值，找前下属冒充报告编制人员王某、报告审核人员李某、报告签发人员张某的签字，模仿编号规则，编号为2088号报告，利用自己行政人事部部长保管公司印章职务之便（2017年4月占某升任行政人事部部长），在2088号报告上加盖了公司CMA计量章、检测报告专用章，并将这份报告的扫描件交给环评报告编制单位，环评报告编制单位采用了2088号报告。

处罚情况：ZS公司在检测服务中通过篡改、伪造监测数据等方式出具虚假检测报告，违反《四川省环境保护条例》《关于深化环境监测改革提高环境监测数据质量的意见》《环境监测数据弄虚作假行为判定及处理办法》等有关规定。ZS公司是2088号检测报告弄虚作假的责任主体。按照《四川省环境保护条例》第85条“环境监测机构在有关环境服务活动中弄虚作假的，由县级以上地方人民政府环境保护主管部门和其他负有环境保护监督管理职责的部门将该机构和涉及弄虚作假行为的人员列入不良记录名单，禁止其参与政府购买环境服务或者政府委托项目”和原环境保护部《环境监测数据弄虚作假行为判定及处理办法》（环发［2015］175号）第12条“社会环境监测机构以及从事环境监测设备维护、运营的机构篡改、伪造监测数据或出具虚假监测报告的，由负责调查的环境保护主管部门将该机构和涉及弄虚作假行为的人员列入不良记录名单，并报上级环境保护主管部门，禁止其参与政府购买环境监测服务或政府委托项目”等规定，全省环保系统在2018年7月6日～2019年7月5日期间禁止ZS公司参与政府购买环境监测服务或政府委托的项目。

事件启示：准确、真实的环境监测数据，是客观评价环境质量状况、反映污染治理成效、实施环境管理与决策的基本依据。在监测数据上动手脚，纵然一时得逞，终究是掩耳盗铃的把戏，绝不会持久。早在2013年原国家环境保护部就曾处罚34家环评机构、58名环评技术人员，被处罚的机构和人员在资质申请中涉嫌隐瞒有关情况、提供虚假材料、以欺骗手段取得资质等问题。因此，环评机构及人员必须如实反映建设项目监测数据，建设单位还应配合监督环评机构开展监测工作，杜绝弄虚作假现象发生，发现违法违规行为要及时予以纠正，防止造成不良后果。

【案例四】建设项目环评监测数据造假及审批不到位

事件经过：苏州汽车客运集团有限公司因建设SS加油站项目需要，于2015年7月7日委托XSY公司编制环境影响报告表。同年7月30日，苏州市环保局受理了客运公司提交的建设项目环境影响评价报告表审批申请，次日在被告网站上公示了受理情况，并于2015年9月18日作出（苏环建号［2015］215号）《客运公司狮山加油站环评审批意见》，同意在苏州高新区狮山街道邓尉路南、规划道路东建设SS加油站项目。2015年12月，原告肖某购得位于西山景玉园预售商品房一套。山景玉园邻近涉案建设项目南侧，原告认为涉案建设项目影响到其环境权益，提起诉讼，请求撤销环评审批。

处罚情况：苏州市姑苏区人民法院一审审理认为客运公司提交的《环境影响报告表》未提供具有噪声监测资质的监测机构的资质证书及委托监测手续，而本案环评单位又不具备噪声监测资质，故环评报告表中的噪声环境质量现状监测数据无效，进而导致环评报告表不完整及环评审批违法。被告作出的《客运公司SS加油站环评审批意见》依据不足，应予以撤销。因被告在法院审理中自行予以撤销，但原告不撤诉，姑苏法院于2016年11月15日作出（2016）苏0508行初281号判决，确认被告苏州市环境保护局于2015年9月21日作出的苏环建［2015］215号《关于对苏州汽车客运集团有限公司SS加油站项目环境影响报告表的审批意见》违法。

事件启示：环境影响评价是生态环境保护的第一道“闸门”，环评机构和专业人员在其中扮演着重要的角色。如今环评市场鱼龙混杂，一些小的环评机构在市场上运作不规范，扰乱市场。由于现实中造假的收益很高，导致环评造假事件层出不穷。此案例中环境监测单位不具备环保监测资质，因此出具的数据及检测报告均属于无效，作为具有专业知识的第三方服务机构，环评机构本应该成为卡住环境污染项目、保护环境的一道有力关卡。鉴于环评机构对环境影响评价的参与主体、参与方式有较大自由度，正因为利益驱动，让环评成为“走过场”，为环境污染项目开绿灯甚至“保驾护航”，对环境造成污染，也让环评机构丧失了其专业可信度。

2. “环评弄虚作假”法律责任

《中华人民共和国环境影响评价法》（2018年版）第32条：接受委托编制建设项目环境影响报告书、环境影响报告表的技术单位违反国家有关环境影响评价标准和技术规范等规定，致使其编制的建设项目环境影响报告书、环境影响报告表存在基础资料明显不实，内容存在重大缺陷、遗漏或者虚假，环境影响评价结论不正确或者不合理等严重质量问题的，由设区的市级以上人民政府生态环境主管部门对技术单位处所收费用三倍以上五倍以下的罚款；情节严重的，禁止从事环境影响报告书、环境影响报告表编制工作；有违法所得的，没收违法所得。编制单位有本条第1款、第2款规定的违法行为的，编制主持人和主要编制人员五年内禁止从事环境影响报告书、环境影响报告表编制工作；构成犯罪的，依法追究刑事责任，并终身禁止从事环境影响报告书、环境影响报告表编制工作。

《中华人民共和国环境影响评价法》（2018年版）第34条：生态环境主管部门或者其他部门的工作人员徇私舞弊，滥用职权，玩忽职守，违法批准建设项目环境影响评价文件的，依法给予行政处分；构成犯罪的，依法追究刑事责任。

《最高人民法院最高人民检察院关于办理环境污染刑事案件适用法律若干问题的解释》（法释〔2016〕29号）第9条：环境影响评价机构或其人员，故意提供虚假环境影响评价文件，情节严重的，或者严重不负责任，出具的环境影响评价文件存在重大失实，造成严重后果的，应当依照刑法第229条、第231条的规定，以提供虚假证明文件罪或者出具证明文件重大失实罪定罪处罚。

3. 法条解析

2018年年底新修改的《环境影响评价法》取消了环评机构资质管理，但是进一步提高了对环评机构编制环评文件的质量要求，同时大幅提高处罚力度，对环评机构和环评文件编制人员实施"双罚"。《环境影响评价法》对监督管理、责任追究作出了更加严格的规定，赋予了各级生态环境部门更强有力的监管武器，将对相关违法行为形成有效震慑。

一是大幅强化法律责任，实施单位和人员的"双罚制"。环评文件如果存在严重质量问题，对建设单位将处50万至200万元罚款，对其相关责任人员处5万至20万元罚款；对技术单位罚款额度由1～3倍提高到3～5倍，并没收违法所得，情节严重的禁止从业；对编制人员实施五年内禁止从业等处罚，构成犯罪的还将依法追究刑事责任，并终身禁止从业。

二是提高了有关考核和处罚的可操作性，从基础资料明显不实，内容存在重大缺陷、遗漏或者虚假，环境影响评价结论不正确或者不合理等三个方面，细化了环境影响报告书（表）存在"严重质量问题"的具体情形，标准更明确，有利于各级生态环境部门加强监管。

三是加强环评文件质量考核，明确要求市级以上生态环境主管部门均应当对建设项目环境影响报告书（表）编制单位进行监督管理和质量考核。

四是实施信用管理，负责审批建设项目环境影响报告书（表）的生态环境主管部门需依法将编制单位、编制主持人和主要编制人员的相关违法信息记入社会诚信档案，并纳入全国信用信息共享平台和国家企业信用信息公示系统向社会公布，这样将产生联合惩戒的强大威慑力。

三 变更未开展环评案例

1. 实例分析

【案例五】潮惠高速线路重大变更未办理环评手续

事件经过： 广东省生态环境厅执法人员分别于2016年4月19日和4月20日对广

东CH高速公路有限公司建设的广东省潮州至惠州高速公路工程项目进行现场检查及调查，揭阳市、潮州市和汕头市环保局分别于2016年4月20日、4月21日进行了现场检查，发现广东CH高速公路有限公司于2010年12月6日取得粤环审〔2010〕421号《关于广东省潮州至惠州高速公路工程环境影响报告书的批复》。该项目2012年在初步设计阶段对项目主线和连接线进行了调整，并增加了3条连接线（即潮州连接线、谷饶连接线、陆河东连接线）。线路经调整后，该项目在通过莲花山隧道段路线时摆动最大，还穿越了竹仔坑水库和红花地水库饮用水源二级保护区。该项目线路的调整导致环境敏感点发生变化，环境保护措施也发生了相应的变化。该项目于2013年11月全面开工建设，其中普宁至陆河段（即该项目一期工程）已于2015年12月建成主线路段并投入试运行，其余路段正在建设中。普宁至陆河段（即该项目一期工程）配套设置了隔音屏障、边坡防护绿化和截排水等措施，该路段已经完成桥梁径流雨水收集系统，但是桥梁径流雨水处理系统部分仍在完善。上述通车路段2016年1～3月的出口日均车流量分别约为9783车次、17176车次、8987车次，通行费收入总计约18178953元。

2016年3月11日，广东CH高速公路有限公司向广东省生态环境厅报送粤潮惠司〔2016〕6号《关于潮惠高速公路变更路线环境影响评价主要变化的请示》，说明该项目路线方案变化情况，案涉项目主线横向位移超过200米的路线累计长度超过30%。省生态环境厅于2016年4月9日向广东CH高速公路有限公司作出粤环审〔2016〕203号《广东省环境保护厅关于对潮惠高速公路线路变更环评有关问题意见的函》，明确提出："根据你司报送的材料，潮惠高速公路项目线路方案与已批复环评的工可阶段设计线位相比，线位主要进行了如下调整：线路横向位移超出200米的累计长度约129.63公里，占原线路总长的48.3%；评价范围内出现竹仔坑水库和红花地水库饮用水源二级保护区及新的声环境敏感目标；线路新增潮州连接线、谷饶连接线和陆河东连接线等3条连接线。按照《关于印发环评管理中部分行业建设项目重大变动清单的通知》（环办〔2015〕52号），潮惠高速公路项目建设地点等发生了重大变动，可能导致环境影响显著变化，你司应当重新报批环境影响评价文件"。

该项目的环境影响评价文件经批准后，项目的规模、地点和防治污染的措施等发生了重大变动，但是，广东CH高速公路有限公司未重新报批该项目的环境影响评价文件，就擅自开工建设，同时该项目一期普宁至陆河段已于2015年12月建成主线路段并投入试运行，部分需配套的环境保护设施未与主体工程同时投入试运行。

处罚情况：广东CH高速公路有限公司的上述行为违反了《中华人民共和国环境影响评价法》（2018年版）第24条第1款、《广东省环境保护条例》第29条第3款、《建设项目环境保护条例》第18条的规定。依据《中华人民共和国环境保护法》第61条、《广东省环境保护条例》第72条和《广东省环境保护厅关于〈广东省环境保护条例〉的环境行政处罚自由裁量权裁量标准》第18项中关于“编制环境影响报告书的建设项目，正在建设或者主体工程已建成但是尚未投入生产或者使用的，处14万元以上18万元以下罚款”的规定，对企业的上述违法行为作出处罚人民币18万元。

事件启示：本案例中一方面企业负责人环保意识弱，法律意识淡，往往认为办理了环评就一劳永逸，对环评审批要求理解模糊，不了解改变建设项目主要内容及规模会导致污染物改变或增加，为追求经济效益擅自变更，未批先建，触碰法律红线。另一方面政府环保主管部门通过严厉的行政处罚和行政命令，要求企业进行彻底整改，督促其提升环保意识，落实主体责任，有效达到以罚促改。

2. “变更未开展环评”法律责任

《中华人民共和国环境影响评价法》（2018年版）第24条：建设项目的环境影响评价文件经批准后，建设项目的性质、规模、地点、采用的生产工艺或者防治污染、防止生态破坏的措施发生重大变动的，建设单位应当重新报批建设项目的环境影响评价文件。建设项目的环境影响评价文件自批准之日起超过5年，方决定该项目开工建设的，其环境影响评价文件应当报原审批部门重新审核；原审批部门应当自收到建设项目环境影响评价文件之日起十日内，将审核意见书面通知建设单位。

3. 法条解析

建设项目的性质、规模、地点或者采用的生产工艺发生重大变化，该建设项目的环境影响也会相应地发生变化。另外，建设项目对环境的影响主要包括对环境的污染和生态的破坏两个方面。如果建设项目防治污染、防止生态破坏的措施发生重大变动，以致可能对环境造成新的不良影响的，在这种情况下，如果不重新报批建设项目环境影响评价文件，很可能使环境影响评价制度的执行流于形式，难以起到防止环境污染和生态破坏的作用。

2015年6月4日、2018年1月29日原国家环境保护部先后下发了《关于印发环评管理中部分行业建设项目重大变动清单的通知》（环办［2015］52号）和《关于印发制浆造纸等十四个行业建设项目重大变动清单的通知》（环办环评［2018］6号），根据《环境影响评价法》和《建设项目环境保护管理条例》第12条有关规定，建设项目的性质、规模、地点、生产工艺和环境保护措施五个因素中的一项或一项以上发生重大变动，且可能导致环境影响显著变化（特别是不利环境影响加重）的，界定为重大变动。属于重大变动的应当重新报批环境影响评价文件，不属于重大变动的纳入竣工环境保护验收管理。

四 其他类型相关案例

【案例六】常州DK化学有限公司诉原江苏省环境保护厅、原国家环境保护部及光大常高新环保能源（常州）有限公司环境评价许可案

事件经过：光大常高新环保能源（常州）有限公司（以下简称光大公司）拟在江苏省常州市投资兴建生活垃圾焚烧发电BOT项目。2014年，光大公司向原江苏省环境保护厅（以下简称江苏省环保厅）报送《环境影响报告书》《技术评估意见》《预审意见》等材料，申请环境评价许可。江苏省环保厅受理后，先后发布受理情况及拟审批公告，并经审查作出同意项目建设的《批复》。常州DK化学有限公司（以下简称德科公司）作为案涉项目附近经营范围为化妆品、添加剂制造的企业，该企业案涉时已处于停产状态，不服该《批复》，向原国家环境保护部申请行政复议。环境保护部受理后，向江苏省环保厅发送《行政复议答复通知书》《行政复议申请书》等材料，并向原江苏省常州市环境保护局发送《委托现场勘验函》。环境保护部在收到《行政复议答复书》《现场调查情况报告》后，作出维持《批复》的《行政复议决定书》，裁决江苏省环保厅下达的《批复》有效。

处罚情况：江苏省南京市中级人民法院一审认为，DK公司位于案涉项目附近，其认为《批复》对生产经营有不利影响，有权提起行政诉讼，具有原告主体资格。案涉项目环评编制单位和技术评估单位均是具有甲级资质的独立法人，在《环境影响报告书》编制期间，充分保障了公众参与权。江苏省环保厅依据光大公司报送的《环境影响报告书》《技术评估意见》《预审意见》等材料，进行公示、发布公告，并根据反馈情况经审查后作出《批复》，并不违反相关规定。原国家环境保护部作出的案涉行政复议行为亦符合行政复议法及实施条例的规定。一审法院判决驳回DK公司的诉讼请求。江苏省高级人民法院二审认为，江苏省环保厅在审批《环境影响报告书》时已经履行了对项目选址、环境影响等问题的审查职责，故判决维持一审判决。最高人民法院再审审查认为，DK公司并非案涉项目厂界周围的环境敏感保护目标，且当时处于停产状态，没有证据证明DK公司与光大公司之间就案涉环境保护行政许可存在重大利益关系。案涉项目环评过程中保障了公众参与权，江苏省环保厅在作出环境评价许可过程中履行了对项目选址、污染物排放总量平衡等问题的审查职责，亦未侵犯DK公司的权利。江苏省环保厅的环境评价许可行政行为、环境保护部的行政复议行为均符合相关法律、法规的规定。最高人民法院裁定驳回DK公司的再审申请。

事件启示：本案所涉项目系生活垃圾焚烧发电项目，对社会整体有益，但也可能对周围生态环境造成一定影响。此类项目周边的居民或者企业往往会对项目可能造成的负面影响心存担忧，不希望项目建在其附近，由此形成“邻避”困境。随着我国城市化和工业化进程，“邻避”问题越来越多，“邻避”冲突逐渐呈现频发、多发趋势。本案的审理对于如何依法破解“邻避”困境提供了解决路径。即对于此类具有公共利益性质的建设项目，建设单位应履行信息公开义务，政府行政主管部门应严格履行监管职责，充分保障公众参与权，尽可能防止或者减轻项目对周围生态环境的影响；当地的公民、法人及其他组织则应依照法律规定行使公众参与权、维护自身合法环境权益。

第二节 《建设项目环境保护管理条例》基本信息及相关案例

危险化学品建设项目在做好环境影响评价的同时也必须切实落实《建设项目环境保护管理条例》相关要求，确保危险化学品建设项目环保“三同时”履行到位。《建设项目环境保护管理条例》（2017年版）是为防止建设项目产生新的污染、破坏生态环境制定。抓住了事中、事后监管的几个关键环节；通过源头预防、过程监管、违法严惩等措施充分发挥震慑作用，有效遏制环境违法行为发生；本着惩前毖后、治病救人的原则，对违法性质和危害程度不同的环境违法行为提出了相应的处罚规定。

以案释法

一 建设项目“未验先投”案例（即未开展建设项目竣工环境保护验收擅自投产运营）

1. 实例分析

【案例七】浙江JZ建材公司环保设施未建成擅自投产案

事件经过：2017年7月13日，温州市环境监察支队执法人员对浙江JZ建材有限公司进行现场检查时发现，浙江JZ建材有限公司未依法报批建设项目环境影响报告书（另案处理），需要配套建设的污染防治设施未建成，擅自在瓯江干流温州段5号、6号、7号、8号、9号-2开采区进行采沙疏浚作业。

浙江JZ建材有限公司所属“浙丽采139号”采沙船位于北纬28.08.324，东经120.27.737，永嘉县桥头镇林福村瓯江水域（5号采沙矿区），瓯江饮用水源二级保护区内，生活废水通过排水管直接排放瓯江，采沙船面发现有油污。温州市鹿城区环境监测站工作人员在采沙船船首及传输带东、西侧瓯江中各采水样1瓶。经监测，船首石油类为1.11mg/L、传输带东侧江水中石油类为12.1mg/L、西侧江水中石油类为12.6mg/L，均超过地表水环境质量标准GB 3838—2002中Ⅲ类水质石油类0.05mg/L限值。

处罚情况：根据原《建设项目环境保护管理条例》（1998年版）第28条“违反本条例规定，建设项目需要配套建设的环境保护设施未建成、未经验收或者经验收不合格，主体工程正式投入生产或者使用的，由审批该建设项目环境影响报告书、环境影响报告表或者环境影响登记表的环境保护行政主管部门责令停止生产或者使用，可以处10万元以下的罚款”的规定，市局决定对浙江JZ建材有限公司作出如下行政处罚：责令停止在瓯江干流温州段5号、6号、7号、8号、9号-2开采区采沙疏浚作业；罚款2万元人民币。此外，《建设项目环境保护管理条例》（2017年版）第23条“违反本条例规定，需要配套建设的环境保护设施未建成、未经验收或者验收不合格，建设项目即投入生产或者使用，或者在环境保护设施验收中弄虚作假的，由县级以上环境保护行政主管部门责令限期改正，处20万元以上100万元以下的罚款；逾期不改正的，处100万元以上200万元以下的罚款；对直接负责的主管人员和其他责任人员，处5万元以上20万元以下的罚款；造成重大环境污染或者生态破坏的，责令停止生产或者使用，或者报经有批准权的人民政府批准，责令关闭”。

事件启示：一是环保设施设备未按照环评要求落实的，环保部门不予通过验收，项目无法运行；未经验收合格擅自投产的，环保部门有权作出禁止投营及罚款处罚，本案发生于2017年7月，执行原条例。二是在国家简政放权的管理下，企业作为建设项目环保责任的主体，承担着建设项目环境保护相关工作，负责落实建设项目环保“三同时”制度，减少建设项目实施对环境因素及其生态系统造成的影响。竣工环境保护验收实行由企业法人负责的自行验收管理。企业自行验收必须严格按照环境保护主管部门制定的规定程序执行，验收过程完整，验收程序合法。如果环保设施未建成的，则不能完成自主验收，否则将严肃追责。

【案例八】Z集团北京某单位未验先投案

事件经过：2017年6月2日北京市环境保护局对Z集团北京某单位进行了现场检查，发现该单位四起未验先投项目，分别为：房山区阎村北向阳110千伏送电工程建设项目于2009年取得环评批复（京环审〔2009〕400号），但该项目未经环保验收，主体工程已于2009年12月正式投入使用。房山区燕山双泉路1号的该单位东风220kV变电站改造工程项目已经2008年环评批复（京环审〔2008〕43号），但该项目未经环保验收，主体工程已于2009年9月正式投入使用。房山区向阳街道该单位厂区内的向阳110千伏变电站工程建设项目已于2010年环评批复（京环审〔2010〕176号），但该项目未经环保验收，主体工程已于2010年12月正式投入使用。房山区燕山岗南路1号的该单位总变供电系统改造工程项目已经2008年环评批复（京环审〔2008〕42号），但该项目未经环保验收，主体工程已于2008年6月正式投入使用。

以上事项基于现场检查笔录和照片、调查询问笔录、营业执照复印件、授权委托书、身份证复印件、环评批复等证据。北京市环境保护局认定Z集团北京某单位违反了《建设项目环境保护管理条例》第23条的规定，属于“未验先投”。

处罚情况：依据《建设项目环境保护管理条例》（2017年版）第23条的规定，北京市环境保护局决定如下：责令Z集团北京某单位阎村北—向阳110千伏送电工程建设项目停止使用，处3万元罚款。责令Z集团北京某单位东风220kV变电站改造工程项目停止使用，处3万元罚款。责令Z集团北京某单位向阳110千伏变电站工程项目停止使用，处3万元罚款。责令Z集团北京某单位总变供电系统改造工程项目停止使用，处3万元罚款。

事件启示：2016年5月9日，原国家环境保护部办公厅印发《环境保护部办公厅关于进一步做好环保违法违规建设项目清理工作的通知》(环办环监〔2016〕46号),要求5月31日前上报前期的环保违法违规建设项目清单,允许开展环评及验收补办工作。同时提出,未按要求于2016年底前完成清理整改任务的建设项目,一律要求停止建设或停止生产,各地应将其列入2017年执法工作中,监督落实到位。此次清理工作完成后,新发现的环保违法违规建设项目,一律严格按照《环境保护法》要求进行处理。此案中四个项目为2016年以前建成投产的项目,应在2016年年底前按照规定完成环保验收补办手续,但该单位未按期完成,从而引起行政处罚。

【案例九】Z集团湛江东兴某单位未验先投被停用案

事件经过: 2009年5月21日,Z集团湛江东兴某单位炼油配套完善工程环境影响报告书于经原广东省环保厅粤环审〔2009〕248号文批复。2009年9月25日经原广东省环保厅粤环审〔2009〕448号文批准投入试运行。2011年年底Z集团湛江东兴某单位向省环保厅申请上述项目的竣工环境保护验收,不过因该项目未能落实卫生防护距离内居民搬迁,原广东省环保厅于2011年10月31日以粤环审〔2011〕494号文作出不同意该项目通过竣工环境保护验收的决定。

2012年4月17日,广东省环保厅相关负责人在会同湛江市环保局行政执法人员到Z集团湛江东兴某单位现场调查发现,该单位的炼油配套完善工程项目所需配套的废水、废气、噪声和固体废物等污染防治设施,没有经过广东省环保厅的验收合格,就已经在生产,主体工程也已投入运行。

处罚情况: 原广东省环保厅根据《中华人民共和国水污染防治法》第71条和《环境行政处罚办法》第12条的规定:责令Z集团湛江东兴某单位,自接到决定书之日起立即停止炼油配套完善工程的生产,直至验收合格。

事件启示: 本案重点在于当建设单位向环保部门提起环保验收申请后,环保部门给出了相关批复。但应注意,批复内容是否是通过验收。只有当建设项目取得通过验收的批复后方可投产,而不是取得批复便可投产。

2. "未验先投"法律责任

《建设项目环境保护管理条例》(2017年版)第23条的规定:违反本条例规定,需要配套建设的环境保护设施未建成、未经验收或者验收不合格,建设项目即投入生产或者使用,或者在环境保护设施验收中弄虚作假的,由县级以上环境保护行政主管部门责令限期改正,处20万元以上100万元以下的罚款;逾期不改正的,处100万元以上200万元以下的罚款;对直接负责的主管人员和其他责任人员,处5万元以上20万元以下的罚款；造成重大环境污染或者生态破坏的，责令停止生产或者使用，或者报经有批准权的人民政府批准，责令关闭。

3. **法条解析**

根据2018年2月24日原国家环境保护部给原河南省环境保护厅的《关于〈建设项目环境保护管理条例〉第23条适用问题的复函》（环政法函［2018］33号），2017年修改后的《建设项目环境保护管理条例》第23条第1款“对直接负责的主管人员和其他责任人员，处5万元以上20万元以下的罚款”规定的适用，不以环保部门责令建设单位限期改正而其逾期不改正为前提，环保部门在发现建设单位存在第23条第1款规定的违法行为时，即可以根据违法情节、危害后果等因素，在责令建设单位限期改正的同时一并适用。此外，对“造成重大环境污染或者生态破坏的，责令停止生产或者使用，或者报经有批准权的人民政府批准，责令关闭”规定的适用，也不以环保部门责令建设单位限期改正而其逾期不改正为前提。

2017年新修订后的《建设项目环境保护管理条例》坚持“从旧兼从优（轻）”规则，即：“从旧”规则是原则，“从优（轻）”规则是例外。也就是说，对新法施行前的行为，原则上适用旧法（即行为时法），即新法原则上没有溯及力；若新法适用的效果较旧法更有利于当事人时，则适用新法。例如，某建设项目于2014年12月建成投产，但需要配套建设的环保设施未经验收，并于2017年10月1日前自动停产的，现在查处时原则上应该适用旧法，即修改前的《建设项目环境保护管理条例》第28条的规定，责令其停止生产，可以处10万元以下的罚款。若按照修改后的《建设项目环境保护管理条例》第23条第1款的规定，法律后果就是被责令限期改正，处20万元以上100万元以下的罚款；逾期不改正的，处100万元以上200万元以下的罚款；对直接负责的主管人员和其他责任人员，处5万元以上20万元以下的罚款；造成重大环境污染或者生态破坏的，责令停止生产，或者报经有批准权的人民政府批准，责令关闭。如果这个建设项目并未造成重大环境污染或者生态破坏的，就不会被责令停止生产。对于小型建设项目来说，适用修改前的《建设项目环境保护管理条例》第28条规定的法律后果可能更优（轻），而对于特大型建设项目来说，适用修改后的《建设项目环境保护管理条例》第23条第1款规定的法律后果可能更优（轻）。比较新旧法律规范对当事人是否更优（轻）时应当对所有相关法律规范作整体性考虑。当然，此处的整体性是指新、旧法各自的整体性。

需要特别说明的是，如果前述建设项目于2014年12月建成投产，而2017年10

月1日后仍有生产行为，但需要配套建设的环保设施未经验收，则应当认定为这一建设项目违反环保设施“三同时”验收制度投入生产的违法行为一直处于连续或者继续状态，应当适用修改后的《建设项目环境保护管理条例》第23条第1款的规定（即行为时法）对其进行处罚。不属于“从旧兼从优（轻）”规则的适用范围。

二 建设项目验收弄虚作假案例

1. 实例分析

【案例十】东莞市WT硅胶制品有限公司环保自主验收弄虚作假

事件经过：2019年6月26日、6月28日、7月29日，东莞市环保局现场检查及调查发现，东莞市WT硅胶制品有限公司于2018年12月19日完成并公开自主验收报告，但自主验收报告中依据的废气验收监测报告出具时间为2018年12月28日，采样日期分别是2018年12月20日、12月21日、12月22日，本应最后完成的自主验收报告完成时间却早于采样及验收监测时间；《关于东莞市WT硅胶制品有限公司建设项目环境影响竣工自主验收意见》显示验收小组成员的吴某为湖南美景环保科技咨询服务有限公司技术员，经核实，吴某并非该公司员工，而是东莞市富润检测技术服务有限公司的员工，以上事实证明该单位在自主验收工作中存在弄虚作假行为。

处罚情况：依据《建设项目环境保护管理条例》（2017年版）第23条关于“违反本条例规定，需要配套建设的环境保护设施未建成、未经验收或者验收不合格，建设项目即投入生产或者使用，或者在环境保护设施验收中弄虚作假的，由县级以上环境保护行政主管部门责令限期改正，处20万元以上100万元以下的罚款；逾期不改正的，处100万元以上200万元以下的罚款；对直接负责的主管人员和其他责任人员，处5万元以上20万元以下的罚款；造成重大环境污染或者生态破坏的，责令停止生产或者使用，或者报经有批准权的人民政府批准，责令关闭”的规定，东莞市生态环境局向东莞市WT硅胶制品有限公司下达行政处罚决定书（东环罚字［2019］3167号），处罚40万元。

事件启示：为减少审批环节，2017年新修订的《建设项目环境保护管理条例》取消了建设项目竣工环境保护设施验收行政许可，强调了生态环境行政主管部门对建设项目环境保护的监督管理责任，充分体现了简政放权、放管结合的行政审批制度改革精神。取消建设项目竣工环境保护设施验收行政许可，改为由建设单位自主验收，也是落实建设单位主体责任的必然要求。建设单位作为建设项目环境保护的责任主体，应当依法履行环境影响评价、“三同时”等相关制度，落实项目实施全过程环境保护责任。当前，大部分企业缺乏组织自主验收的能力，将自主验收工作交由环保公司负责，但是市场上的环保公司良莠不齐，导致自主验收的质量参差不齐，甚至会出现弄虚作假的行为。企业应强化环保自主验收的自律性，严禁出现为了验收合格而发生数据弄虚作假的行为，确保验收质量和合法性。

【案例十一】蚌埠DS污水处理有限公司环保验收数据造假

事件经过：2018年4月28日，蚌埠DS污水处理有限公司组织专家对日处理20000吨废水项目进行竣工环保验收，验收意见写明：“自动监控设施2018年4月与蚌埠市环保局联网，已完成在线比对验收；在线监测系统委托无锡大禹科技有限公司，属于第三方专业运维”。实际上，二期项目自动监控设施未与蚌埠市环保局联网，未验收，也未委托无锡大禹科技有限公司运维。

处罚情况：2000吨废水项目进行环保竣工验收时弄虚作假的行为违反了《建设项目环境保护管理条例》（2017年版）第17条第2款和第23条的规定。根据《安徽省行政处罚自由裁量权细化标准》的相关规定，蚌埠市环境保护局于2018年8月20日以蚌环罚字［2018］5号，对蚌埠DS污水处理有限公司处以行政处罚108万元。

事件启示：很多工业企业在环保监测数据上弄虚作假早已成为一种顽疾。这种顽疾不仅会误导政府决策，影响治理力度，还损害了公众的知情权、监督权。而企业通过环保数据造假来掩饰自己排污，从而给自己赢得生存机会和黑色利润。防止“监测设备形同虚设，数据失真情况严重”这类问题，不但要在技术上完善环保在线自动监测设施，对于造假企业、纵容企业造假的地方环保部门，要加大惩罚力度。

2.“环保验收弄虚作假”法律责任

《建设项目环境保护管理条例》（2017年版）第23条的规定：违反本条例规定，需要配套建设的环境保护设施未建成、未经验收或者验收不合格，建设项目即投入生产或者使用，或者在环境保护设施验收中弄虚作假的，由县级以上环境保护行政主管部门责令限期改正，处20万元以上100万元以下的罚款；逾期不改正的，处100万元以上200万元以下的罚款；对直接负责的主管人员和其他责任人员，处5万元以上20万元以下的罚款；造成重大环境污染或者生态破坏的，责令停止生产或者使用，或者报经有批准权的人民政府批准，责令关闭。

3. 法条解析

2017年新修订后的《建设项目环境保护管理条例》提出，要严厉打击在验收中弄虚作假等违法行为的处罚，其中，有违法行为的，处“20万元以上100万元以下”；逾期不改的，加重罚款数额，提升至“100万元以上200万元以下”，并将原来仅对建设单位“单罚”改为同时对建设单位和相关责任人“双罚”，还规定了责令限期改正、责令停产或关闭等法律责任。新修订后的《建设项目环境保护管理条例》还新增了对技术评估机构违法收费的处罚，处以退还违法所得以及违法所得1倍以上3倍以下罚款。新增的内容还有信用惩戒，《条例》规定环保部门应当将建设项目有关环境违法信息记入社会诚信档案。

第三节 实践“演兵场”

一 如何高效合规办理环评手续

【步骤一】确认是否需要开展环评工作

项目建设前，建设单位按照《环保法》《环评法》等环保相关法律法规及《建设项目环境影响评价分类管理名录》（环境保护部令第44号）确认项目是否需要环评及环评类别（书、表、登记表或豁免），具体可咨询属地环保行政主管部门。同时，还需明确以下几个方面的内容：一是项目是否位于规划园区（规划园区是否做过规划环评）；二是项目选址是否合理、项目周边环境与本项目情况，若项目污染较大，周围环境敏感点较近，有无调整项目产污车间等平面布置的可能；三是项目是否符合当地环保等规划，是否符合产业政策等。若以上条件都满足，即可办理环评手续。

【步骤二】选择委托环评单位

与环保部门确认后，建设项目需环评的报告书、报告表，应委托有相应资质的环评单位进行环评，环评单位可在生态环境部、省、市、县环保部门网站查询。办理环境影响评价登记表的建设单位根据相应规定自行填写，也可委托其他环评机构填写。

建设单位与委托单位签订环评合同，其中应明确环评费用、项目办结时间、甲乙双方责任等。建设单位向委托单位提供相关资料，包括但不限于项目总平面布置图、车间布置图、环保设施及雨污布置图、项目可研或项目建议书以及政府批文等资料。

【步骤三】配合开展项目环评

项目建设单位主动与环评单位、政府环保主管部门踏勘现场（平面布置、主要产污环节等）及项目周边的环境敏感点等；协助监测单位进行环境现状监测；及时提供环评单位或环保主管部门需要的资料；环评报告书及当地环保部门明确需公众参与的应进行公众参与工作，建设单位应进行环评公众参与工作，并保证公众的代表性、真实性等。

【步骤四】项目环评审查申报

委托单位完成环评后，应组织专家召开评审会，会议结束后委托单位按照专家意见书进行修改完善，并交由项目建设单位提报属地环保主管部门审批，申报资料应按照各地环保行政主管部门要求执行。资料受理后，属地政府环保主管部门将按照行政审批权限在法定期限内作出相关决定，其中环境影响报告书自收到之日起六十日内，环境影响报告表自收到之日起三十日内，分别作出审批决定并书面通知建设单位。

二 建设项目环保验收相关要求

（一）环保验收的现状及问题

当前建设项目竣工环保自主验收存在着一些问题。建设单位往往会委托相应的技术机构来编制相应的竣工环保验收报告，但是由于第三方技术机构缺乏完全的行业内部管理制度等问题，使得验收报告本身不符合要求。对于建设单位来说，环保意识不够强，会为了最终获得最高的经济利益忽略验收。而由于环保验收监测过程的复杂性，验收过程中存在着不规范验收的现象。

工况监测是整个验收过程最关键的环节，工况的稳定程度直接影响到企业污染物的排放行为。目前除国家重点行业，如城市轨道交通、输变电工程、水泥制造等行业出台了具体的验收技术规范外，其他行业自主验收以《建设项目竣工环境保护验收技术指南——污染影响类》作为参照依据。该技术指南并没有对自主验收时的工况进行明确规定。这就使得企业可能利用法律的不明确性，在验收监测期间工况过低，继而使得企业污染物排放浓度及总量达标。在废水监测中存在监测点位的布点、处理效率计算、污染物总量核算等问题；在废气监测中存在监测因子确定、采样、污染物总量核算等问题；在噪声监测中存在厂界噪声监测点位选取、噪声敏感建筑物监测点位选取等问题。

（二）环保验收的法定流程及法律要求

在《中华人民共和国固体废物污染环境防治法》《中华人民共和国环境噪声污染防治法》修改完成前，建设项目竣工环境保护验收分为建设单位自主验收和环保部门单项验收，并将建设项目划分为两类：一是以大气污染、水污染或生态影响为主的建设项目，即指环境影响报告书（表）结论明确项目运营期可能对周围环境产生主要影响为地下水、地表水、大气和（或）生态影响的建设项目；二是以噪声污染或固体废物影响为主的建设项目，即指公路、轨道交通、通用机场、铁路等以噪声污染为主的项目，生活垃圾，医疗废物处理处置，改、扩建危险废物综合利用，污泥处理处置（以上均不含焚烧处置项目）等以固体废物影响为主的项目。其中，环境影响分类级别为报告书的建设项目，环境噪声污染防治设施由负责审批的环保部门在建设单位自主验收通过后进行单项验收；环境影响分类级别为报告表的建设项目，环境噪声污染防治设施直接由建设单位自主验收；环境影响评价文件确定需要配套建设的固体废物污染环境防治设施，由负责审批的环保部门在建设单位自主验收通过后进行单项验收。

（1）建设单位可以自行或委托第三方机构编制监测报告。

（2）以排放污染物为主的建设项目，参照《建设项目竣工环境保护验收技术指南——污染影响类》编制验收监测报告；主要对生态造成影响的建设项目，按照《建设项目竣工环境保护验收技术规范——生态影响类》编制验收调查报告；火力发电、石油炼制、水利水电、核与辐射等已发布行业验收技术规范的建设项目，按照该行业验收技术规范编制验收监测报告或者验收调查报告。

（3）需要调试的建设项目配套环保设施应当在调试期间进行监测。

（4）验收监测（调查）报告编制完成后，建设单位应当根据报告结论逐一检查是否存在验收不合格的情形，提出验收意见并进行相应的修改。

（5）建设项目配套设施的环境保护设施只有经验收合格之后，其主体工程才能投入生产或者使用。

（6）建设单位可以组织成立验收工作组协助开展验收工作。

（7）建设单位应当向社会公开竣工日期、调试期间、验收报告进行公示（按照国家需要保密的情形除外）。

（8）验收期限一般不超过3个月，延期最长不超过12个月。

（9）纳入排污许可管理的建设项目，还应当符合国家排污许可有关管理规定。

第四节 法律知识延展

一 新修订《环境影响评价法》（2018年版）

（一）新修订《环境影响评价法》（2018年版）主要特点

现行《环境影响评价法》由第十三届全国人民代表大会常务委员会第七次会议于2018年12月29日修订通过，分为总则、规划的环境影响评价、建设项目的环境影响评价、法律责任和附则，共5章37条。

（1）弱化了项目环评的行政审批要求。规定环评行政审批不再作为可行性研究报告审批或项目核准的前置条件，即环评的行政审批要求被弱化。压缩了环评审批权的空间，将环境影响登记表审批改为备案，不再将水土保持方案的审批作为环评的前置条件，取消了环境影响报告书、环境影响报告表预审等。环评审批弱化事前、强化事中和事后监管，有助于促使政府职能正确定位，提升行政管理效能，发挥宏观控制作用。

（2）强化了规划环评。规定专项规划的编制机关需对环境影响报告书结论和审查意见的采纳情况作出说明，不采纳的，应当说明理由。这一修改将增强规划环评的有效性，规划编制机关必须对环评结论和审查意见进行响应。同时规定，规划环评意见需作为项目环评的重要依据，且后续的项目环评内容的审查意见应予以简化，这也进一步体现出规划和项目之间的有效互动。

（3）加大了处罚力度。提高了未批先建的违法成本，大幅度提高了惩罚的限额。根据违法情节和危害后果，可对建设项目处以总投资额1%以上5%以下的罚款，并可以责令其恢复原状。项目如果是上亿元的话，罚款可以超过百万元。可以责令恢复原状，则意味着企业前期投资将会“打水漂”，这将对企业产生强大的威慑力。

（二）环评过期重新审核相关要求

根据2019年2月22日国家生态环境部办公厅《关于重新审核建设项目环境影响评价文件有关问题的复函》（环办环评函［2019］203号）要求，重新审核环境影响评价文件时，应按照建设单位报请重新审核时新的法律法规、国家标准和技术规范执行。根据《中华人民共和国环境影响评价法》第24条“建设项目的环境影响评价文件自批准之日起超过五年，方决定该项目开工建设的，其环境影响评价文件应当报原审批部门重新审核；原审批部门应当自收到建设项目环境影响评价文件之日起十日内，将审核意见书面通知建设单位”的规定，建设项目的环境影响评价文件需重新审核的，应报原审批部门，不受审批权限变化影响。经审核，同意执行原环境影响评价文件及其批复文件的，应当自收到建设项目环境影响评价文件之日起十日内书面通知建设单位。经审核，需依法补充或重新编制环境影响评价文件并重新报批的，应当自收到建设项目环境影响评价文件之日起十日内书面通知建设单位；建设单位重新报批的，应按重新报批时的分级审批规定，报有审批权的生态环境主管部门。

（三）环评责任追究

2015年3月18日原国家环境保护部印发了《关于进一步加强环境影响评价违法项目责任追究的通知》（环办函［2015］389号），各级环境保护部门应当严格依法对存在“未批先建”“擅自实施重大变动”等环评违法行为的建设项目实施行政处罚。对于建设单位性质为国家机关、国有企事业单位，且有下列情形之一的，应当按照《环境保护违法违纪行为处分暂行规定》要求，移送同级纪检监察机关追究建设单位相关人员责任：（一）环境影响评价文件未经批准或重大变动未经环评审批，建设项目基本建成的；（二）环境影响评价文件未经批准或重大变动未经环评审批，擅自在自然保护区、风景名胜区、饮用水水源保护区等环境敏感区内开工建设的；（三）环境影响评价文件未经批准或重大变动未经环评审批，擅自开工建设，造成了重大环境污染或严重生态破坏的；（四）建设项目未依法进行环境影响评价，被责令停止建设，拒不执行的；（五）建设项目需要配套建设的环境保护设施未建成、未经验收或验收不合格，主体工程正式投入生产或使用的。在责任追究完成前，各级环境保护部门不得通过其环评审批或竣工环境保护验收。

二 新修订《建设项目环境保护管理条例》（2017年版）

（一）新修订《建设项目环境保护管理条例》（2017年版）主要特点

修改《建设项目环境保护管理条例》（以下简称《条例》），是国务院立法工作计划确定的全面深化改革急需的项目。《国务院关于修改〈建设项目环境保护管理条例〉的决定》已经2017年6月21日国务院第177次常务会议通过予以公布，自2017年10月1日起施行。

（1）简化建设项目环境保护审批事项和流程。删去环境影响评价单位的资质管理、建设项目环境保护设施竣工验收审批规定；将环境影响登记表由审批制改为备案制，将环境影响报告书、报告表的报批时间由可行性研究阶段调整为开工建设前，环境影响评价审批与投资审批的关系由前置“串联”改为“并联”；取消行业主管部门预审等环境影响评价的前置审批程序，并将环境影响评价和工商登记脱钩。

（2）加强事中事后监管。规定建设项目必须严格依法进行环境影响评价，环境影响评价文件未经依法审批或者经审查未予批准的，不得开工建设；明确不予批准建设项目环境影响评价文件的具体情形；强化环境保护部门在设计、施工、验收过程中的监督检查职责；加大对未批先建、竣工验收中弄虚作假等行为的处罚力度；引入社会监督、建立信用惩戒机制，要求建设单位编制环境影响评价文件时征求公众意见，并依法向社会公开竣工验收情况，环境保护部门要将有关环境违法信息记入社会诚信档案，及时向社会公开。

（3）减轻企业负担，进一步优化服务。明确审批、备案环境影响评价文件和进行相关的技术评估，均不得向企业收取任何费用，并要求环境保护部门推进政务电子化、信息化，开展环境影响评价文件网上审批、备案和信息公开。

（二）《环境监测数据弄虚作假行为判定及处理方法》相关要求

2015年12月28日原国家环境保护部印发了《环境监测数据弄虚作假行为判定及处理办法》（环发［2015］175号，以下简称《办法》），《办法》明确了篡改监测数据的14种情形，主要包括：未经批准部门同意，擅自停运、变更、增减环境监测点位或者故意改变环境监测点位属性的；采取人工遮挡、堵塞和喷淋等方式，干扰采样口或周围局部环境的；人为操纵、干预或者破坏排污单位生产工况、污染源净化设施，使生产或污染状况不符合实际情况的等。

《办法》明确了伪造监测数据的8种情形，主要包括：纸质原始记录与电子存储记录不一致，或者谱图与分析结果不对应，或者用其他样品的分析结果和图谱替代的；监测报告与原始记录信息不一致，或者没有相应原始数据的；监测报告的副本与正本不一致的等。

根据《办法》，涉嫌指使篡改、伪造监测数据的行为有5种，主要包括以下情形：强令、授意有关人员篡改、伪造监测数据的；将考核达标或者评比排名情况列为下属监测机构、监测人员的工作考核要求，意图干预监测数据的等。

《办法》中明确：环境保护主管部门发现篡改、伪造监测数据，涉及目标考核的，视情节严重程度将考核结果降低等级或者确定为不合格；情节严重的，取消授予的环境保护荣誉称号。涉及县域生态考核的，视情节严重程度，建议国务院财政主管部门减少或者取消当年中央财政资金转移支付。涉及《大气污染防治行动计划》《水污染防治行动计划》排名的，分别以当日或当月监测数据的历史最高浓度值计算排名。

（三）《关于规范建设单位自主开展建设项目竣工环境保护验收的通知（征求意见稿）》相关要求

2017年8月3日原国家环境保护部办公厅印发了《关于公开征求〈关于规范建设单位自主开展建设项目竣工环境保护验收的通知（征求意见稿）〉意见的通知》（环办环评函［2017］1235号，以下简称《通知》）。《通知》规定编制环境影响报告书（表）的建设项目竣工后，建设单位或者其委托的技术机构应当依照国家有关法律法规、建设项目竣工环境保护验收技术规范、建设项目环境影响报告书（表）和审批决定等要求，如实查验、监测、记载建设项目环境保护设施的建设和调试情况，同时还应如实记载其他环境保护对策措施“三同时”落实情况，编制竣工环境保护验收报告。

验收报告编制人员对其编制的验收报告结论终身负责，不得弄虚作假。验收报告编制完成后，建设单位应组织成立验收工作组。验收工作组由建设单位、设计单位、施工单位、环境影响报告书（表）编制机构、验收报告编制机构等单位代表和专业技术专家组成。验收工作组现场检查可以参照《关于印发建设项目竣工环境保护验收现场检查及审查要点的通知》（环办〔2015〕113号）执行。建设项目竣工环境保护验收应当在建设项目竣工后6个月内完成。建设项目环境保护设施需要调试的，验收可适当延期，但总期限最长不得超过9个月。除按照国家规定需要保密的情形外，建设单位应当在出具验收合格意见后5个工作日内，通过网站或者其他便于公众知悉的方式，依法向社会公开验收报告和验收意见，公开的期限不得少于1个月。公开结束后5个工作日内，建设单位应当登陆全国建设项目竣工环境保护验收信息平台，填报相关信息并对信息的真实性、准确性和完整性负责。

（四）《建设项目竣工环境保护验收暂行办法》相关要求

2017年11月20日原国家环境保护部印发了《关于发布〈建设项目竣工环境保护验收暂行办法〉的公告》（国环规环评［2017］4号，以下简称《公告》）。《公告》规定：验收报告分为验收监测（调查）报告、验收意见和其他需要说明的事项等三项内容。

以排放污染物为主的建设项目，参照《建设项目竣工环境保护验收技术指南污染影响类》编制验收监测报告；主要对生态造成影响的建设项目，按照《建设项目竣工环境保护验收技术规范生态影响类》编制验收调查报告；火力发电、石油炼制、水利水电、核与辐射等已发布行业验收技术规范的建设项目，按照该行业验收技术规范编制验收监测报告或者验收调查报告。建设项目竣工后，建设单位应当如实查验、监测、记载建设项目环境保护设施的建设和调试情况，编制验收监测（调查）报告。建设单位不具备编制验收监测（调查）报告能力的，可以委托有能力的技术机构编制。建设单位对受委托的技术机构编制的验收监测（调查）报告结论负责。

环境保护设施未与主体工程同时建成的，或者应当取得排污许可证但未取得的，建设单位不得对该建设项目环境保护设施进行调试。验收监测（调查）报告编制完成后，建设单位应当根据验收监测（调查）报告结论，逐一检查是否存在验收不合格的情形，提出验收意见。存在问题的，建设单位应当进行整改，整改完成后方可提出验收意见。验收意见包括工程建设事件经过、工程变动情况、环境保护设施落实情况、环境保护设施调试效果、工程建设对环境的影响、验收结论和后续要求等内容，验收结论应当明确该建设项目环境保护设施是否验收合格。建设项目配套建设的环境保护设施经验收合格后，其主体工程方可投入生产或者使用；未经验收或者验收不合格的，不得投入生产或者使用。建设单位在“其他需要说明的事项”中应当如实记载环境保护设施设计、施工和验收过程简况、环境影响报告书（表）及其审批部门审批决定中提出的除环境保护设施外的其他环境保护对策措施的实施情况，以及整改工作情况等。

除按照国家需要保密的情形外，建设单位应当通过网站或其他便于公众知晓的方式，向社会公开下列信息：建设项目配套建设的环境保护设施竣工后，公开竣工日期；对建设项目配套建设的环境保护设施进行调试前，公开调试的起止日期；验收报告编制完成后5个工作日内，公开验收报告，公示的期限不得少于20个工作日。建设单位公开上述信息的同时，应当向所在地县级以上环境保护主管部门报送相关信息，并接受监督检查。验收报告公示期满后5个工作日内，建设单位应当登录全国建设项目竣工环境保护验收信息平台（网址为http://47.94.79.251），填报相关验收情况，并及时做好验收资料归档备查。归档材料应包括验收监测（调查）报告、验收意见、其他需要说明的事项和向社会公开信息证明、单项验收意见、整改落实情况等有关资料。验收期限是指自建设项目环境保护设施竣工之日起至建设单位向社会公开验收报告之日止的时间。除需要取得排污许可证的水和大气污染防治设施外，其他环境保护设施的验收期限一般不超过3个月；需要对环境保护设施进行调试或者整改的，验收期限可以适当延期，但最长不超过12个月。

（五）《建设项目环境影响登记表备案管理办法》相关要求

2016年11月2日原国家环境保护部印发了《建设项目环境影响登记表备案管理办法》（环境保护部令第41号，以下简称《办法》）。《办法》第2条、第10条和第20条分别规定，《办法》适用于按照《建设项目环境影响评价分类管理名录》（以下简称《名录》）规定应当填报环境影响登记表的建设项目。建设单位在办理建设项目环境影响登记表备案手续时，应当认真查阅、核对《名录》，确认其备案的建设项目属于按照《名录》规定应当填报环境影响登记表的建设项目。建设单位首先应当在建设项目建成并投入生产运营前，登录网上备案系统，在网上备案系统注册真实信息，在线填报并提交建设项目环境影响登记表。建设单位填报建设项目环境影响登记表的同时，应当就其填报的环境影响登记表内容的真实、准确、完整作出承诺，并在登记表中的相应栏目由该建设单位的法定代表人或者主要负责人签署姓名。建设单位在线提交环境影响登记表后，收到网上备案系统自动生成的备案编号和回执时，建设项目环境影响登记表备案也就完成了。对按照《名录》应当编制环境影响报告书或者报告表的建设项目，建设单位擅自降低环境影响评价等级，填报环境影响登记表并办理备案手续，经查证属实的，县级环境保护主管部门认定建设单位已经取得的备案无效，向社会公布，并按照有关规定处理。

《办法》从2017年1月1日起，建设项目环境影响登记表由审批制变更为登记备案制。这一重大改革降低了企业的准入门槛，形成了资源共享，提高了工作效率，虽然改变了以往“先审批、后建设”的模式，但也滋生了一些不规范操作的现象。主要表现在以下几个方面：

一是有的建设单位认为只要符合建设项目环境影响备案登记条件，就不需要考虑项目选址是否符合要求、是否符合国家产业政策、是否需要落实相应的环保措施，更不需要竣工环保验收了。只要企业自行在网上备案登记，就视为已经履行环评手续了，结果导致一些“散、乱、污”现象的发生。

二是有的建设单位不按规定实事求是地填写相关信息，备案填报时对本项目涉及污染物排放的种类出现漏项。

三是建设单位“冒险”规避履行环保审批手续。因满足环评要求还需要办理立项、土地使用、营业执照、配套相应的环保设备工艺，审批后还要完成自主验收等。为了节约资金、节省时间，就自行降低生产规模，采取了项目环境影响备案登记。

四是擅自降低了环境影响评价等级。有的项目从备案表上已经反映出不符合备案登记的条件，但仍旧填报了环境影响登记表并办理备案手续。

五是相关部门事中、事后的监管出现盲区。按照规定，完成备案的建设项目也要纳入有关环境监管的范围，但仍有一些地方生态环境部门或执法人员认为既然是建设单位自行开展了项目备案登记，项目规模一般都很小，也不会造成大的污染影响，一旦发生虚假备案就直接处罚，忽视了污染源头治理。

思考题

1．2018年4月2日，云南省宜良县环境保护局环境监察人员对宜良某加油站进行现场检查，发现该加油站未取得环境影响审批手续擅自开工建设；经调查核实该加油站投资总额为1200万元。请问本案例适用哪条处罚规定？假设你作为企业负责人应如何避免类似情况发生？

2. 2018年3月12日，宝兴县环境监察大队执法人员在日常巡查时，发现灵关镇写字岩工业组团内某碳酸钙厂新建家私板生产线。经查，该厂新增的家私板生产线未重新报批环评审批。请问本案例应属于哪种环评违法类型？该企业会受到什么处罚？

3. 2018年3月13日，仪征市环保局对某管道储运有限公司进行现场检查，发现该公司配套污染防治设施未经环保验收，原油管道复线工程项目擅自投入生产。请问案例中涉案单位应如何规范相关手续？假设你作为企业负责人在今后工作中应如何做好合法依规运营？

4. 2018年10月29日，胶州市环保局执法人员现场检查发现，青岛和众油脂有限公司废白土综合利用项目需配套建设的环境保护设施未经验收，主体工程投入生产。同时，在检查中发现该单位未采取防渗措施，在生产车间两处低洼空地处存有废水，pH值小于2。请问此案例中涉及违法哪些法律法规条款？涉案单位及相关责任人应受到怎样的处罚？

第二章

《大气污染防治法》相关案例

扫码即获更多阅读体验

《大气污染防治法》（2018年版）是为保护和改善环境，防治大气污染，保障公众健康，推进生态文明建设，促进经济社会可持续发展而制定。但在实际执行过程中，出现了诸多违法违规的案例，本章重点介绍分析了超标排放、逃避监管超排、超标排放拒不接受执法检查、油气超标排放、扬尘超标排放、监测数据造假、按日连续处罚以及其他相关典型案例。

要点导图

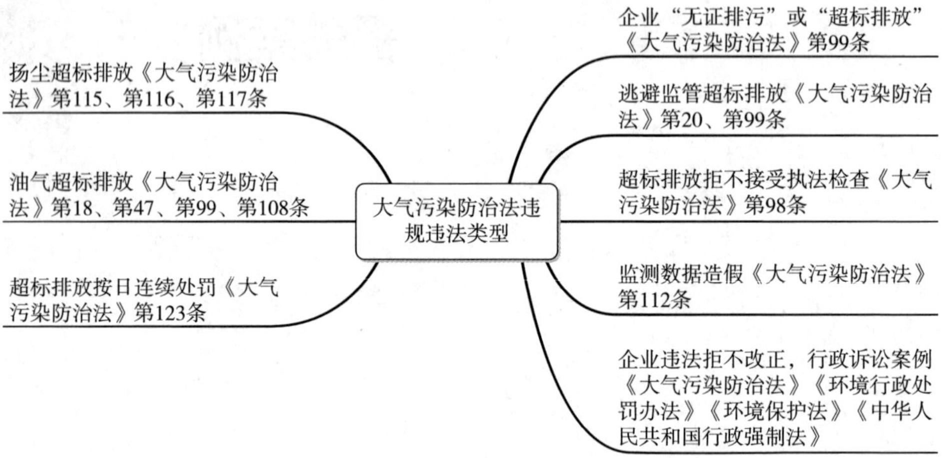
大气污染防治法违规违法类型
扬尘超标排放《大气污染防治法》第115、第116、第117条
油气超标排放《大气污染防治法》第18、第47、第99、第108条
超标排放按日连续处罚《大气污染防治法》第123条
企业“无证排污”或“超标排放”《大气污染防治法》第99条
逃避监管超标排放《大气污染防治法》第20、第99条
超标排放拒不接受执法检查《大气污染防治法》第98条
监测数据造假《大气污染防治法》第112条
企业违法拒不改正，行政诉讼案例《大气污染防治法》《环境行政处罚办法》《环境保护法》《中华人民共和国行政强制法》

第一节 《大气污染防治法》基本信息及相关案例

《大气污染防治法》（2018年版）不仅实现了与新修订的《环境保护法》的衔接，也将“大气十条”中的有效政策转化为法律制度，除总则、法律责任和附则外，分别对大气污染防治标准和限期达标规划、大气污染防治的监督管理、大气污染防治措施、重点区域大气污染联合防治、重污染天气应对等内容作了规定。

以案释法

一 企业“无证排污”或“超标排放”案例

1. 实例分析

【案例一】Z集团南京某单位硫酸雾超标排放案

事件经过：2017年9月5日，南京市环境监测中心站对Z集团南京某单位3号硫黄制酸尾气进行监督监测，结果显示硫酸雾排放浓度为313mg/m^3，超过《硫酸工业污染物排放标准》（GB 26132—2010）排放限值（45mg/m^3）。2017年10月23日，南京市环境监测中心站对该单位2号硫黄制酸尾气进行监督性监测，结果显示硫酸雾排放浓度为126mg/m^3，超过《硫酸工业污染物排放标准》（GB 26132—2010）排放限值（45mg/m^3）。

南京市生态环境保护局行政处罚事先告知书送达后，Z集团南京某单位在规定时间内进行了陈述申辩，认为硫酸雾的监测分析方法不够科学才导致超标情况，国家硫酸雾协会与生态环境部多次沟通，因此认为在硫酸雾定义和监测方法未明确前不能把监测结果作为处罚依据。市局审议认为此案事实清楚，证据确实充分，此次实施行政处罚依据的监测分析方案符合国家要求，超标事实客观存在，没有免于处罚的理由，该公司陈述理由不予采纳。

处罚情况：依据《中华人民共和国大气污染防治法》（2015年版）第99条第2款的规定：该单位3号硫黄制酸尾气浓度超标，不符合国家要求，最终南京市环保局作出决定：责令立即改正环境违法行为；对该单位2号、3号硫黄制酸尾气超标排放的行为，分别处罚款968000元。合计处罚款人民币1936000元。

事件启示：企业应当加强对内部环保设施设备的维护保养，确保设备完好率，同时加强装置在线监测工作，发现指标异常情况，要及时进行处理，防止超标排放。

【案例二】荆州市XH家具有限公司无证排放、拒不整改案

事件经过：荆州环保局2016年3月4日、8月5日对荆州市XH家具有限公司进行调查，于2016年9月22日下达行政处罚决定书，确定该单位的违法行为：该单位在未依法报批建设项目环境影响评价文件的情况下，擅自建设家具制造项目；在需要配套建设的环境保护设施未经验收的情况下，主体工程于2009年建成并正式投入使用；未依法取得排污许可证情况下，排放大气污染物。2016年10月24日，环保部门依法对XH公司下达《责令停产整治决定书》（荆环责停字［2016］5号），责令其停产整治，立即改正违法行为。

2016年10月25日，荆州市环境监察支队执法人员再次对XH公司进行现场监察时，发现该单位拒不执行环保部门作出的行政命令，仍在继续违法排污。市环保部门依据《中华人民共和国环境保护法》第63条第2项规定将该案移送公安部门。公安部门经调查核实于12月20日依法对相关责任人下达《行政处罚决定书》，对荆州市XH家具有限公司环保主管邓从辉实施行政拘留。

处罚情况：根据《中华人民共和国大气污染防治法》（2015年版）第99条第1款等规定："未依法取得排污许可证排放大气污染物的，由县级以上人民政府生态环境主管部门责令改正或者限制生产、停产整治，并处10万元以上100万元以下的罚款；情节严重的，报经有批准权的人民政府批准，责令停业、关闭。"2016年9月22日下达行政处罚决定书三项合并处罚，共计罚款18万元，并停产整改。同时根据《中华人民共和国环境保护法》第63条第2款规定："企业事业单位和其他生产经营者违反法律规定，未取得排污许可证排放污染物，被责令停止排污，拒不执行，尚不构成犯罪的，除依照有关法律法规规定予以处罚外，由县级以上人民政府环境保护主管部门或者其他有关部门将案件移送公安机关，对其直接负责的主管人员和其他直接责任人员，处10日以上15日以下拘留；情节较轻的，处5日以上10日以下拘留。"2016年12月20日公安部门行政处罚决定书，对荆州市XH家具有限公司环保主管邓从辉实施行政拘留。

事件启示：对于政府职能部门的行政处罚通知单，企业应高度重视，本着安全第一、环保优先的原则，立即改正环境违法行为。拒不改正的，环保部门有权移交公安部门，对相关责任人实施行政拘留或其他处罚。

2.“超标排放”和“无证排放”法律责任

《中华人民共和国大气污染防治法》(2018年版)第99条规定：违反本法规定，有下列行为之一的，由县级以上人民政府生态环境主管部门责令改正或者限制生产、停产整治，并处十万元以上一百万元以下的罚款；情节严重的，报经有批准权的人民政府批准，责令停业、关闭。①未依法取得排污许可证排放大气污染物的；②超过大气污染物排放标准或者超过重点大气污染物排放总量控制指标排放大气污染物的；③通过逃避监管的方式排放大气污染物的。

3. 法条解析

新修订的《大气污染防治法》(2018年版)第99条是关于无证排放等3类违法行为应当承担的法律责任的具体规定，是在旧法第46条、第48条基础上进行了完善，加大了处罚力度。本条中关于无证排放、超标排放以及逃避监管排放的违法行为，分别对应新法第19条、第18条、第12条第2款的规定。责令改正或者限制生产、停产整治，是指通过责令违法生产经营者改正违法行为、限制生产、停止生产进行整治等方式，使其排放行为符合法律规定。本条规定的罚款额度较大，为10万元以上100万以下。应当注意的是旧法针对此类违法行为的罚款额度仅为1万元以上10万元以下，罚款额度的大幅上升，能够有效地突破企业守法成本高、违法成本低的恶性循环，强化企业环境保护的意识。责令停业是指行政机关对违反行政管理秩序的企业事业组织，责令其停止相关生产经营活动的一种行政处罚。关闭是指行政机关对违反行政管理秩序的企业事业单位或者其他组织，通过吊销营业执照，相关许可证、停止供电供水、封闭生产经营场所等方式的行政处罚。

当企业同时存在第99条3种违法行为时，在现实工作中如何适用条款进行处罚就涉及违法行为竞合的问题。违法行为竞合，是指行为人实施一个行为，同时触犯了两个或两个以上违法构成的违法形态。在违法行为竞合中，行为人只实施一个行为，这个行为并不是从违法构成要件上看是一个行为，而是基于自然的观察、社会上的一般观念上，被认为是一个行为。当企业存在“未依法取得排污许可证排放大气污染物”“超过大气污染物排放标准或者超过重点大气污染物排放总量控制指标排放大气污染物”“通过逃避监管的方式排放大气污染物”等三个违法行为，实际上只实施了“排放大气污染物”一个违法行为。对于违法行为竞合的情形，可以借鉴刑法中对于想象竞合犯的刑罚原理，根据违法侵害客体择一从重处罚。“违法行为竞合”与“不同法律对同一违法行为有不同规定”是有本质区别的。对于前者，择一重者处罚；而对于后者，适用“新法优于旧法”“上位法优于下位法”的原则处罚。

二 “逃避监管超排”案例

1. 实例分析

【案例三】海宁市XY钢管有限公司通过逃避监管的方式排放大气污染物案

事件经过：2017年8月29日，浙江省海宁市环保局执法人员对海宁市XY钢管有限公司进行检查发现，该企业东厂区酸洗车间正在生产，配套的酸雾吸收塔未运行，且电机与风机间传动带脱落。经现场进一步核实，该酸雾吸收塔因电控柜故障已无法正常运行。8月29日，执法人员对该企业下达了责令改正违法行为决定书［海环责改（2017）08003号］，启动按日连续处罚程序。同时报请局领导审核，对该企业涉嫌通过逃避监管的方式排放大气污染物的违法行为予以立案调查。当日，执法人员对该企业环保负责人沈华峰、东厂区车间主任平建良、污水操作工顾玉金就上述行为进行调查询问，被调查人均表示情况属实。8月30日，海宁市环保局执法人员对该企业总经理郑某就上述行为作了进一步调查询问，其表示情况属实。经调查，该企业员工顾某在案发前一周发现酸雾吸收塔出现故障，立即上报车间主任平建良。平建良组织机修工人进行维修，在确认无法修复后由机修工人上报采购部，采购部至今未完成采购，酸雾吸收塔停运至今，在此期间酸洗车间未落实停产措施。9月21日，经海宁市环保局案审小组审议，该企业违法事实清楚，证据确实、充分，适用法律正确，拟罚款15万元整，下发行政处罚听证告知书［海环听告（2017）76号］。11月1日，海宁市环保局依法下发行政处罚决定书［海环罚字（2017）118号］。

处罚情况：根据《大气污染防治法》（2015年版）第20条第2款规定“禁止通过偷排、篡改或者伪造监测数据、以逃避现场检查为目的的临时停产、非紧急情况下开启应急排放通道、不正常运行大气污染防治设施等逃避监管的方式排放大气污染物”。同时，根据新《环境保护法》第63条第3项规定，该企业未运行酸雾吸收塔且未落实停产措施的行为，符合“污染物处理设施发生故障后，排污单位不及时或者不按规程进行检查和维修，致使处理设施不能正常发挥处理作用的”情形，属于不正常使用大气污染防治设施，其行为具有逃避监管的性质。根据《大气污染防治法》（2015年版）第99条“违反本法规定，有下列行为之一的，由县级以上人民政府环境保护主管部门责令改正或者限制生产、停产整治，并处10万元以上100万元以下的罚款；情节严重的，报经有批准权的人民政府批准，责令停业、关闭：（三）通过逃避监管的方式排放大气污染物的”的规定，处10万元以上100万元以下的罚款。按照《嘉兴市环保行政处罚自由裁量基准》相关规定，一方面因该企业在12个月内实施不同类环境违法行为［2017年5月22日，因违反规定设置排污口罚款6.8万元，海环罚字（2017）33号］，情节上需加重处罚；另一方面该企业案发后积极按照要求整改，落实相应整改措施，同时建立相应工作制度，应当作为有利的情节重点考虑。不仅要看违法行为的损害程度，还要看改正行为的修复程度，比较违法所损和改正所得之间存在的差距。综合考虑该企业违法行为的事实、性质、情节和危害后果，海宁市环保局最终罚款15万元整。根据新《环境保护法》规定，通过逃避监管的方式排放污染物的行为还应启动配套办法。一是移送适用行政拘留。针对本案，尚不构成犯罪，但因其逃避监管的性质，海宁市环保局依法做出行政处罚决定后，将本案移送公安机关处理。二是启动按日连续处罚程序。以坚持教育与处罚相结合为原则，以引导和督促排污者及时改正环境违法行为为目的，新《环境保护法》提出按日计罚的概念。本案中，8月29日执法人员即下发责令改正违法行为决定书［海环责改（2017）08003号］。8月30日，海宁市环保局依法对该企业进行复查。检查时酸洗车间正在生产，酸雾吸收塔运行中，且吸收液经测试呈碱性，按日计罚程序终止。

事件启示：一是数法并施。以新《环境保护法》为基础，《大气污染防治法法》为手段，辅之以配套办法，法律适用思路清晰，环环相扣。二是企业应加强对环保设施日常监督检查，发现设施设备故障或存在隐患问题后，要第一时间组织检维修，确保环保设施完好运行，而非采取违法手段逃避监管。三是企业要针对政府环保部门执法检查发现的问题，及时组织整改落实，并举一反三，防止类似问题重复发生。

2. “逃避监管超排”法律责任

《中华人民共和国大气污染防治法》（2018年版）第20条规定：企业事业单位和其他生产经营者向大气排放污染物的，应当依照法律法规和国务院生态环境主管部门的规定设置大气污染物排放口。禁止通过偷排、篡改或者伪造监测数据、以逃避现场检查为目的的临时停产、非紧急情况下开启应急排放通道、不正常运行大气污染防治设施等逃避监管的方式排放大气污染物。

3. 法条解析

新修订的《大气污染防治法》（2018年版）第20条属于在旧法基础上新增加的内

容，是关于大气污染物排放口设置和禁止以逃避监管的方式排放大气污染物的规定。对应当取得而未依法取得排污许可证排放大气污染物的和通过逃避监管的方式排放大气污染物的，不仅由县级以上人民政府环境保护主管部门依据本法第99条规定，责令改正或者限制生产、停产整治，并处10万元以上100万元以下的罚款；情节严重的，报经有批准权的人民政府批准，责令停业、关闭。而且可以依据123条规定实施按日连续处罚。

三 "超标排放拒不接受执法检查"案例

1. 实例分析

【案例四】三家企业拒绝环保监察人员进场受行政处罚

事件经过： 2013年9月30日，苏州工业园区环保局依法对MDC公司开展废气专项执法检查，该公司以"不是排污单位以及环保局未预约"为由拒绝环保执法人员进入厂区检查。2016年12月02日市生态环境局番禺区分局执法人员到广州FY文具礼品盒有限公司检查其废气处理设施的运行情况，该公司员工以执法人员没有事先预约为由关闭门闸，拒绝执法车辆及执法人员进入，执法人员反复要求该单位工作人员开闸配合执法检查，但均遭拒绝。2017年7月25日，武城县环境监察大队执法人员在对武城某玻璃钢集团有限公司进行现场监督检查时，该企业工作人员拒绝引领执法人员进行喷漆现场，执法人员在多次警告，并告之其有配合现场检查义务后，企业工作人员依旧拒绝引领执法人员进入喷漆现场，带着执法人员绕圈子。后经查实，该企业存在在未安装、使用污染防治设施情况下进行喷漆，产生的挥发性有机废气无组织排放的违法行为。

处罚情况： 依据《中华人民共和国大气污染防治法》(2018年版)第98条规定，三家受检单位以各种理由拒绝环保执法人员入场检查，可被处2万元以上20万元以下的罚款。经慎重考虑后，环保部门对涉事企业作出如下处罚决定：苏州工业园区环保局对MDC公司下达行政处罚决定书，对该公司拒绝执法检查的违法行为罚款4万元。广州市生态环境局番禺区分局对广州FY文具礼品盒有限公司拒绝配合调查的行为作出"立即改正，并处5万元罚款"的处罚决定。

针对武城某玻璃钢集团有限公司拒绝环保监察人员进场事件，公安部门依法对企业现场负责人处5日行政拘留；环保部门对其处以罚款20万元。针对武城某玻璃钢集团有限公司存在在未安装、未使用污染防治设施情况下进行喷漆，产生的挥发性有机废气无组织排放的违法行为，责令企业改正违法行为，并处罚款20万元。以上两项环境违法行为，武城县环保局合计对该企业作出罚款40万元的行政处罚。

事件启示：调查权是行政机关实施管理的一项基础性权力。对环保机关而言，只有切实履行法定调查职能，才可能及时发现和处理环境污染问题。许多环保类法律法规规定了环保机关此项职权，同时明确了被调查对象的协助义务。除大气污染防治法规定外，在《最高人民法院、最高人民检察院关于办理环境污染刑事案件适用法律若干问题的解释》中提到："阻挠环境监督检查或者突发环境事件调查，尚不构成妨害公务等犯罪的，实施刑法第338条、339条规定的犯罪行为，应当从重处罚。企业不得以任何理由拒绝环保部门人员进场监察执法，应当诚恳接受、配合环保部门的监督检查。"

2. "超标排放拒不接受执法检查"法律责任

《中华人民共和国大气污染防治法》（2018年版）第98条规定：以拒绝进入现场等方式拒不接受生态环境主管部门及其环境执法机构或者其他负有大气环境保护监督管理职责的部门的监督检查，或者在接受监督检查时弄虚作假的，由县级以上人民政府生态环境主管部门或者其他负有大气环境保护监督管理职责的部门责令改正，处2万元以上20万元以下的罚款；构成违反治安管理行为的，由公安机关依法予以处罚。

3. 法条解析

监督检查权是行政机关进行日常监管活动，实现行政目的的一项具有基础性、普遍性的权力。在大气污染防治强化监督中，监督检查可以督促排污企业事业单位和其他生产经营者采取措施积极防治大气污染，促使排污企业事业单位和其他生产经营者加强管理，减少大气污染物的排放、消除大气污染事故隐患。违反监督检查制度的主要表现为以拒绝进入现场等方式拒不接受监督检查，或者在接受监督检查时弄虚作假、阻碍国家机关工作人员依法执行职务和以暴力、威胁方法阻碍国家机关工作人员依法执行职务等几种形式。

以拒绝进入现场等方式拒不接受监督检查，或者在接受监督检查时弄虚作假的，应依据《大气污染防治法》（2018年版）第98条的规定责令改正，处以罚款。阻碍国家机关工作人员依法执行职务的，应依据《治安管理处罚法》第50条处警告或者罚款；情节严重的，处5日以上10日以下拘留，可以并处罚款。本行为中的阻碍，是指行为人以主动且非暴力、威胁的方式实施的阻挠、妨碍行为，如吵闹、谩骂、无理纠缠、撕毁封条、拒不接受检查情节恶劣等。对于尚未构成违反治安管理行为的，不能由公安机关予以处罚。如对以拒绝进入现场等方式拒不接受监督检查，或者在接受监督检查时弄虚作假的行为，尚不属于“阻碍国家机关工作人员依法执行职务，情节严重”的行为，不得适用行政拘留的处罚措施，更不能擅自追究其刑事责任。

四 “按日连续处罚”案例

1. 实例分析

【案例五】天津ZS钢铁有限公司超标排放按日连续处罚案

事件经过：2018年7月12日，静海区环保局执法人员对天津ZS钢铁有限公司进行现场检查并对该公司正在运行的煤气发电机组配套的75吨燃气锅炉排气筒排放的二氧化硫、氮氧化物污染物进行了监测。经监测，二氧化硫的基准含氧量排放浓度为193mg/m^3，超过了大气污染物排放超标。2018年7月19日静海区环保局对该单位下达责令改正违法行为决定书，责令该公司立即改正违法行为。并依据《中华人民共和国大气污染防治法》第99条第2款“超过大气污染物排放标准或者超过重点大气污染物排放总量控制指标排放大气污染物的处10万元以上100万元以下的罚款”的规定，2018年8月3日，静海区环保局对其下达了行政处罚决定书，处罚款60万元。

2018年8月7日，静海区环保局对其进行复查，并对该公司正在运行的煤气发电机组配套的75吨燃气锅炉排气筒排放的二氧化硫、氮氧化物进行了检测。经检测，二氧化硫的基准含氧量排放浓度仍超过《火电厂大气污染物排放标准》中以气体为燃料的锅炉或燃气轮机组二氧化硫特别排放限值，构成拒不改正的违法行为。

处罚情况：依据《中华人民共和国大气污染防治法》（2018年版）第123条第2款“超过大气污染物排放标准或者超过重点大气污染物排放总量控制指标排放大气污染物的受到罚款处罚，被责令改正，拒不改正的，依法作出处罚决定的行政机关可以自责令改正之日的次日起，按照原处罚数额按日连续处罚”的规定，静海区环保局于2018年8月29日对其下达行政处罚决定书对其实施按日连续处罚，自2018年7月20日起至2018年8月7日期间，共19天，每日处罚人民币60万元，共计罚款人民币1140万元。

事件启示：政府职能部门对企业拒不整改都是强制执行，按日连续处罚，上不封顶，情节恶劣的可对相关责任人实施行政拘留，对企业实施停产整改甚至关停的处罚。

【案例六】蒙自YS矿冶有限公司不服“按日连续处罚”状告州环保局

事件经过： 2017年3月10日，红河州环境保护局到蒙自YS矿冶有限公司（以下简称YS公司）现场检查时发现，YS公司未按照脱硫系统操作规程添加脱硫剂，且烟化炉二氧化硫折算浓度超标12.27倍，遂依据相关规定，于2017年3月20日向YS公司送达《责令停产整治决定书》，并于2017年4月5日向YS公司送达《行政处罚决定书》，处罚如下：责令停产整治，针对二氧化硫排放浓度超标的违法行为罚款壹佰万元，将案件移送公安机关。YS公司在停产整治期间，不得投入生产，如在后督察过程中还继续违法，该局将按照《中华人民共和国环境保护法》第59条的规定启动“按日连续处罚”。后YS公司按期缴纳罚款100万元。

2017年4月12日，红河州环境保护局到YS公司复查，监测出烟化炉二氧化硫浓度超标1.6倍，认为YS公司的行为违反了《中华人民共和国环境保护法》等相关规定，经履行告知等程序后，于2017年4月28日作出《按日连续处罚决定书》，决定对YS公司自下达责令停产整治决定之日的次日起，按照原处罚数额按日连续处罚，自2017年3月21日起至2017年4月12日止，共计23天，每天100万元，共计罚款2300万元整。限于接到本处罚决定之日起15日内缴纳。《按日连续处罚决定书》送达后，YS公司向法院提起了诉讼。

处罚情况： 法院审理认为，红河州环境保护局作为环境保护主管部门，负有对本行政区域环境保护工作实施监督管理的职责，其对YS公司作出处罚主体资格适合。YS公司不正常运行防治污染设施、超标准排放污染物的行为违反了法律的规定。依据《环境保护主管部门实施按日连续处罚办法》第10条、第12条、第14条的规定，该局作出《责令停产整治决定书》的规定，但该局在复查后，应再次作出责令改正违法行为决定书送达YS公司，并再次复查时发现拒不改正违法排放污染物行为的，才可实施按日连续处罚。本案中，红河州环境保护局复查后未再次作出责令改正违法行为决定书，也未再次进行复查，遂于2017年4月28日作出《按日连续处罚决定书》，违反法定程序，属程序违法，故判决撤销该处罚决定书。

事件启示： 本案中作为民营企业的原告，在生产经营中虽然违反了相关法律法规，应受到行政处罚，但执法部门在执法过程中未严格依照法定程序执法，损害了行政相对方的合法权益，所作处罚决定书被法院依法判决撤销，人民法院通过案件审理有效地保护了民营企业的合法权益。

2. “按日连续处罚”法律责任

《中华人民共和国大气污染防治法》（2018年版）第123条规定：违反本法规定，企业事业单位和其他生产经营者有下列行为之一，受到罚款处罚，被责令改正，拒不改正的，依法作出处罚决定的行政机关可以自责令改正之日的次日起，按照原处罚数额按日连续处罚：（一）未依法取得排污许可证排放大气污染物的；（二）超过大气污染物排放标准或者超过重点大气污染物排放总量控制指标排放大气污染物的；（三）通过逃避监管的方式排放大气污染物的；（四）建筑施工或者贮存易产生扬尘的物料未采取有效措施防治扬尘污染的。

3. 法条解析

依据《环境保护部关于按日连续处罚计罚日数问题的复函》（环函〔2015〕232号）的规定，实施按日连续处罚的计罚日数是一个连续的起止期间，排污者在期间排污状况和生产状况如何，均不影响计罚日数的计算，即排污者在计罚周期内存在停产停业或者达标排放的日数，均不能从计罚日数中扣除。也就是说，只要环境保护主管部门在复查时发现排污者未停止违法排污行为的，即可实施按日连续处罚，即使在计罚期间排污者有停产日数也不能扣除，督促违法排污者积极主动地按照责令改正通知书进行整改。

五 “油气超标排放”案例

1. 实例分析

【案例七】储油库超过大气污染物排放标准排放污染物

事件经过：2019年3月26日，北京市生态环境部门对北京KT商贸有限公司储油库进行监督性检查，并委托第三方检测机构对其油气排放处理装置排放情况进行现场采样抽测。

2019年5月5日该中心出具了报告编号为WR19026的检测报告，结果显示北京KT商贸有限公司储油库油气排放处理装置的非甲烷总烃浓度为66g/m^3，超过了北京市《储油库油气排放控制和限值》（DB 11/206—2010）中规定的排放限值（处理装置的油气排放质量浓度≤20g/m^3）（地方标准严于国家标准），属于营业时向大气排放污染物不符合大气污染物排放标准的行为。

处罚情况：依据《中华人民共和国大气污染防治法》（2018年版）第99条第2款

的规定，北京KT商贸有限公司储油库油气排放浓度超过大气污染物排放标准，应当由县级以上人民政府生态环境主管部门责令改正或者限制生产、停产整治，并处10万元以上100万元以下的罚款，最终北京市生态环境保护局作出以下行政处罚：责令3日内改正，处12万元罚款。

事件启示：一是在北京、上海等大气污染物重点防治区域，地方标准往往高于国家标准，故企业在设备选型上要重点关注其处理效果是否能达到当地的排放标准。二是对于油气回收设备这一库站重点环保设施，全国各地经科信部门、环保部门、市场监督部门等各部门时常联合执法，由聘请的第三方单位采取事前不通知、事后即处置的铁腕手段进行环保执法。

【案例八】加油站未安装油气回收装置被处罚

事件经过：2017年12月7日，湖南省涟源市环境保护局对中石油涟源SCS加油站进行检查，发现该站的92号、95号两台汽油加油机在未安装油气回收装置的情况下擅自进行营业。

处罚情况：依据《中华人民共和国大气污染防治法》（2015年版）第108条关于“违反本法规定，有下列行为之一的，由县级以上人民政府环境保护主管部门责令改正，处2万元以上20万元以下的罚款；拒不改正的，责令停产整治：（四）储油储气库、加油加气站和油罐车、气罐车等，未按照国家有关规定安装并正常使用油气回收装置的”规定，行政处罚六万元。

【案例九】加油站油气回收装置运行不正常被处罚

事件经过：【事件1】2017年7月31日，北京市环境保护局对Z集团北京某加油站进行了调查，发现该单位3号罐井内集中式油气回收泵的泵体旁通球阀处于开启状态，导致其所联动的多条加油枪不能正常回收油气。

【事件2】2017年10月底，郑州管城回族区环保部门在检查全区加油站油气回收运行情况时发现，该区某加油站油气回收装置未正常使用，存在加油机内油气回收泵未正常运行，不符合《大气污染防治法》中“储油储气库、加油加气站等，应当按照国家有关规定安装油气回收装置并保持正常使用”规定。2017年11月17日管城回族区环保局对某加油站涉嫌油气回收装置未正常使用案立案调查。

【事件3】2019年3月9日，北京市生态环境部门对北京中油SD石油销售有限公司进行检查，发现与油气回收处理装置相连通的地下储油罐没有进行密闭处理。该储油罐中存放着油气回收处理装置处理后的浓油气和液态汽油，导致大量油气从地下储油罐的呼吸阀阻火帽位置直接排放到大气中，属于未正常使用大气污染物处理设施的行为。

处罚情况：依据《中华人民共和国大气污染防治法》（2018年版）第108条第4项的规定，环保部门决定责令3日内改正，处2万元罚款。

事件启示：加油站在完成油气回收改造后，排放油气必须达到国家标准规定的限值，且要委托有资质的单位进行油气回收改造验收及日常油气回收治理环保检测服务。加油站自身要加强油气回收运行管理，加油站负责人发现设备老化、集气罩损坏的要立即更换；在加油站每日交接班时要对油气回收泵进行检查，发现损坏的加油机要立即停止使用，维修恢复正常后方可运行。对现场有明显汽油味的加油站需要进行全面检查，寻找跑、冒、滴、漏点并落实整改；对于情况复杂的需通过第三方机构的液阻检测、密闭性检测、气液比检测来确定症结所在。加油站不能有了污染防治设施就可以高枕无忧，疏忽管理同样会导致环保设施不能正常运行，形同虚设，从而造成大气污染。只有切实加强管理，正确使用油气回收装置进行维修维护，才能达到正常运行，确保加油、加气、不加霾，油气回收不虚设。

【案例十】加油站油气回收装置气液比检测不合格被处罚

事件经过：2017年5月31日，朝阳区环保局委托北京联合ZY检验检测有限公司对DGZ加油站油气回收装置的密闭性，5号汽油加油机点位的液阻，7号~22号汽油加油枪的气液比进行了监督性检测。2017年6月8日，朝阳区环保局执法人员对该加油站进行了监督检查，在现场检查时，该加油站正常营业，有6名员工正在给机动车加油。该加油站共有8台加油机，共计16条汽油加油枪。

根据北京联合ZY检验检测有限公司2017年6月1日出具的编号为UI17051225UB号检测报告结果显示，该加油站12号、16号、17号、21号、22号汽油加油枪气液比的高挡检测值分别为0.95、0.96，0.90、0.80，0.94、0.99，0.98、0.96，0.85、0.90；18号汽油加油枪气液比的低挡检测值为0.98；20号汽油加油枪气液比的高挡检测值为0.96。以上7条汽油加油枪的检测结果不符合北京市《加油站油气排放控制和限值》（DB 11/208—2010）中规定的气液比限值（1.0~1.2）。

处罚情况：依据《中华人民共和国大气污染防治法》（2018年版）第108条第4款的规定："违反本法规定，储油储气库、加油加气站和油罐车、气罐车等，未按照国家有关规定安装并正常使用油气回收装置的，由县级以上人民政府生态环境主管部门责令改正，处2万元以上20万元以下的罚款；拒不改正的，责令停产整治"，朝阳区环保局对北京市朝阳区DGZ加油站处以3万元罚款。

事件启示：加油站的油气回收检测现场出具检测结果（非正式报告），当企业知晓结果的第一时间应当对不合格项进行整改，并将整改结果及时报送环保部门，不能无视环保监察结果继续营业，造成更严重的行政处罚。近年来，加油站的油气回收装置安装工作进入尾声，中国石化、中国石油等企业的库站一二次油气回收装置安装率近乎100%，少见因未安装油气回收装置而引起的行政处罚。但，由于油气回收装置的不稳定性，除了定期检测外，企业还应定期开展自检工作，年度的委托检测已不能满足油气回收装置的运行要求。

2. "油气超标排放"法律责任

《中华人民共和国大气污染防治法》（2018年版）第18条规定：企业事业单位和其他生产经营者建设对大气环境有影响的项目，应当依法进行环境影响评价、公开环境影响评价文件；向大气排放污染物的，应当符合大气污染物排放标准，遵守重点大气污染物排放总量控制要求。《中华人民共和国大气污染防治法》（2018年版）第47条第2款规定：储油储气库、加油加气站、原油成品油码头、原油成品油运输船舶和油罐车、气罐车等，应当按照国家有关规定安装油气回收装置并保持正常使用。

《中华人民共和国大气污染防治法》（2018年版）第99条第2款规定：违反本法规定，有下列行为之一的，由县级以上人民政府环境保护主管部门责令改正或者限制生产、停产整治，并处10万元以上100万元以下的罚款；情节严重的，报经有批准权的人民政府批准，责令停业、关闭：超过大气污染物排放标准或者超过重点大气污染物排放总量控制指标排放大气污染物的。

《中华人民共和国大气污染防治法》（2018年版）第108条第4款规定：违反本法规定，有下列行为之一的，由县级以上人民政府环境保护主管部门责令改正，处2万元以上20万元以下的罚款；拒不改正的，责令停产整治：储油储气库、加油加气站和油罐车、气罐车等，未按照国家有关规定安装并正常使用油气回收装置的。

3. 法条解析

新修订的《大气污染防治法》（2018年版）第18条是关于企业事业单位和其他生产经营者应当进行建设项目环评和达标排放的规定；是对旧法第11、第13、第15条的合并修改，是对企业事业单位和其他生产经营者污染防治工作的总的要求。大气污染物的总量控制与排放标准针对的都是污染源的排放，大气污染物排放标准是"浓度控制"，是强制性标准，总量排放是对污染物排放总量的控制。排污者排放大气污染物，必须同时遵守大气污染物排放标准和总量控制要求，否则将构成违法。对此违法行为，将依据新法第99条规定，由县级以上人民政府环境保护主管部门责令改正或者限制生产、停产整治，并处10万元以上100万元以下的罚款；情节严重的，报经有批准权的人民政府批准，责令停业、关闭。新修订的《大气污染防治法》（2018年版）第47条、第108条第4款为新增条款，是关于石化类企业减少物料泄漏和油气回收要求的规定。

六 "扬尘超标排放"案例

1. 实例分析

【案例十一】常州JM建材有限公司未防治扬尘污染

事件经过：2018年3月5日、3月6日，江苏省环保厅组织的徐州市环保局交叉检查组和武进环保局对常州JM建材有限公司进行现场检查，发现这家单位在武进区牛塘镇湖滨路从事混凝土项目的生产，物料堆放过程中有粉尘产生，部分物料露天堆放，未采取密闭、围挡、遮盖等防治粉尘污染的措施，武进环保局依法责令这家单位立即改正并处罚款。2018年3月21日，武进环保局对这家单位进行复查时，发现其违法行为仍未改正到位。

处罚情况：根据《中华人民共和国大气污染防治法》（2018年版）第107条第1款，JM建材有限公司物料堆放及粉尘产生过程未采取密闭、围挡等防尘措施，县级以上人民政府生态环境等主管部门有权按照职责责令改正，处1万元以上10万元以下的罚款。同时根据《中华人民共和国大气污染防治法》（2018年版）第123条第4款"违反本法规定，建筑施工或者贮存易产生扬尘的物料未采取有效措施防治扬尘污染的。受到罚款处罚，被责令改正，拒不改正的，依法作出处罚决定的行政机关可以自责令改正之日的次日起，按照原处罚数额按日连续处罚"。武进环保局对这家单位实施按日连续处罚，原罚款基数4万元，计罚天数12天，罚款总额48万元。

【案例十二】天津市TZG有限公司未采取有效措施防治扬尘污染

事件经过：2017年10月16日，天津市环保局执法人员对天津市TZG有限公司进行现场检查。经查发现，该单位原料厂内有易产生扬尘的细颗粒废钢渣料堆，未密闭，也未采取有效覆盖措施防尘、抑尘。2017年11月15日，市环保局执法人员对其进行复查，发现该单位仍有易产生扬尘的细颗粒废钢渣料堆未采取苫盖等防尘、抑尘措施。

处罚情况：2017年10月17日，天津市环保局立即对该单位下达了责令改正违法行为决定书，责令其立即改正违法行为。2017年11月24日，天津市环保局对其下达了行政处罚决定书，处罚款2万元。天津市环保局于2018年1月31日对其下达按日连续处罚决定书，自2017年10月18日起至2017年11月15日期间，共计29天，每日处罚2万元，共计罚款58万元。

事件启示：施工过程中的粉尘产生、建筑材料堆放常容易被忽略，随着环保形势日益严峻，政府部门对现场督察越来越严格，企业在后期施工过程中应更加关注现场防尘措施，做好密闭、围挡、喷淋等方式减少扬尘产生，同时应关注周围居民的投诉及舆情影响，做好应对措施，一旦发生处罚时应及时整改，避免按日连续处罚。

2.“扬尘超标排放”法律责任

《中华人民共和国大气污染防治法》（2018年版）第115条规定：违反本法规定，施工单位有下列行为之一的，由县级以上人民政府住房城乡建设等主管部门按照职责责令改正，处1万元以上10万元以下的罚款；拒不改正的，责令停工整治：①施工工地未设置硬质围挡，或者未采取覆盖、分段作业、择时施工、洒水抑尘、冲洗地面和车辆等有效防尘降尘措施的；②建筑土方、工程渣土、建筑垃圾未及时清运，或者未采用密闭式防尘网遮盖的。违反本法规定，建设单位未对暂时不能开工的建设用地的裸露地面进行覆盖，或者未对超过3个月不能开工的建设用地的裸露地面进行绿化、铺装或者遮盖的，由县级以上人民政府住房城乡建设等主管部门依照前款规定予以处罚。

《中华人民共和国大气污染防治法》（2018年版）第116条规定：违反本法规定，运输煤炭、垃圾、渣土、砂石、土方、灰浆等散装、流体物料的车辆，未采取密闭或者其他措施防止物料遗撒的，由县级以上地方人民政府确定的监督管理部门责令改正，处2千元以上2万元以下的罚款；拒不改正的，车辆不得上道路行驶。

《中华人民共和国大气污染防治法》（2018年版）第117条规定：违反本法规定，有下列行为之一的，由县级以上人民政府生态环境等主管部门按照职责责令改正，处1万元以上10万元以下的罚款；拒不改正的，责令停工整治或者停业整治：（一）未密闭煤炭、煤矸石、煤渣、煤灰、水泥、石灰、石膏、砂土等易产生扬尘的物料的；（二）对不能密闭的易产生扬尘的物料，未设置不低于堆放物高度的严密围挡，或者未采取有效覆盖措施防治扬尘污染的；（三）装卸物料未采取密闭或者喷淋等方式控制扬尘排放的。

3. 法条解析

扬尘污染主要指道路、建筑工地、堆场和裸地、工业生产等场所产生的粉尘颗粒物，在风等自然力和生产、搬运、交通等人为作用下进入空气中，对大气造成的污染。和其他的污染相比，空气中的扬尘污染对于人们来说感官的刺激更为直接，危害也更大。扬尘污染由中粒径较大的颗粒物组成的，常会被阻挡在人类上呼吸道系统中，如果扬尘颗粒在10微米以下就会进入下呼吸道；而在2.5微米以下就会积聚在肺泡中，引发一系列疾病。建筑施工扬尘是因建筑施工人为活动引起，其扬尘颗粒会随着空气流动而移动，最后变成细小颗粒物，易被人吸食，一旦进入肺中，就会引起一系列疾病，甚至危害人们的生命；再加上扬尘中含有大量细菌和病毒，扬尘会成为细菌和病毒介质，加快传播速度，严重影响人们身体健康。

除了新修订的《大气污染防治法》（2018年版）对扬尘污染规定了处罚法律条款外，2019年4月9日国家住房和城乡建设部办公厅印发了《关于进一步加强施工工地和道路扬尘管控工作的通知》（建办质［2019］23号），各省、自治区、直辖市还相继出台了建设工程施工扬尘污染防治管理办法。如2017年12月6日广东省人民政府印发了《广东省建设工程施工扬尘污染防治管理办法（试行）》（粤办函［2017］708号），较为详细的明确了属地政府对于建设工程有关单位扬尘污染防治职责；施工现场扬尘污染防治措施；监督与责任追究等。

七 监测数据造假案例

1. 实例分析

【案例十三】天津CY机动车检测服务有限公司出具虚假监测报告案

事件经过：2017年7月25日，市环保局执法人员对天津市CY机动车检测服务有限公司进行现场检查。经查发现，该单位于2017年6月8日、6月16日、7月5日对三辆机动车进行尾气检测时违反国家检测规范要求，擅自篡改机动车额定功率，致使三辆机动车检测合格，该单位的行为属于伪造排放检测结果，出具虚假检测报告。

处罚情况：上述行为违反了《中华人民共和国大气污染防治法》（2018年版）第54条“机动车排放检验机构应当依法通过计量认证，使用经依法检定合格的机动车排放检验设备，按照国务院环境保护主管部门制定的规范，对机动车进行排放检验，并与环境保护主管部门联网，实现检验数据实时共享。机动车排放检验机构及其负责人对检验数据的真实性和准确性负责”的规定。依据《中华人民共和国大气污染防治法》（2018年版）第112条的规定：“违反本法规定，伪造机动车、非道路移动机械排放检验结果或者出具虚假排放检验报告的，由县级以上人民政府环境保护主管部门没收违法所得，并处10万元以上50万元以下的罚款”，2017年9月25日，市环保局对该单位下达了行政处罚决定书，处罚款30万元，并处没收违法所得175元。

【案例十四】湖北XT陶瓷有限公司废气超标排放、污染源在线监控数据弄虚作假

事件经过：2017年5月15日，湖北省环保厅会同黄冈市环保局通过省级污染源智能监控系统发现浠水县湖北XT陶瓷有限公司烟气污染源自动监控系统疑似在线监控数据造假，并对其烟气污染源自动监控系统突击检查。检查发现该公司确实存在烟气污染源在线监测数据弄虚作假、污染物超标排放等违法问题。该公司在线监控设施的运维商为武汉华特AT科技有限公司黄冈分公司。省、市、县三级环保、公安部门密切配合，于2017年5月15日连夜调查取证。

处罚情况：2017年5月31日，浠水县环保局对该公司废气超标排放违法行为下达《责令改正违法行为决定书》。7月11日，浠水县环保局对该公司废气超标排放违法行为处罚款20万元。8月1日，浠水县环保局对该公司2017年6月1日至2017年6月26日期间废气排放超标违法行为实施按日连续处罚，处罚金额520万元;9月25日，浠水县环保局对该公司在线监控数据弄虚作假违法行为处罚款100万元。同时，浠水县环保局将该公司评定为环境信用严重失信的黑标企业，协调多部门对其实行联合惩戒。2017年5月19日，黄冈市环保局将该案移送至黄冈市公安局。浠水县人民法院对该案做出了一审判决：判决被告人湖北XT陶瓷有限公司安环部长姜某某犯污染环境罪，判处有期徒刑1年，并处罚金为2万元；被告人武汉华特AT科技有限公司黄冈分公司运维工程师舒某某犯污染环境罪，判处有期徒刑10个月，并处罚金为1.5万元。

事件启示：2018年生态环境部已会同有关部门联合制定《防范和惩治领导干部不当干预生态环境监测活动管理办法（试行）》，同时，已与公安部、最高人民检察院建立移送适用行政拘留环境违法案件的机制，对查实的篡改伪造环境监测数据案件，对涉嫌犯罪的，依法将证据材料移送公共机关处理；与国家市场监督管理总局联合印发了《关于加强生态环境监测机构监督管理工作的通知》等文件，建立联合惩戒和信息共享机制，将环境监测数据弄虚作假行为的监督举报纳入“12369”环境保护举报和“12365”质量技术监督举报受理范围。

2. “监测数据造假”法律责任

《中华人民共和国大气污染防治法》（2018年版）第112条规定：违反本法规定，伪造机动车、非道路移动机械排放检验结果或者出具虚假排放检验报告的，由县级以上人民政府环境保护主管部门没收违法所得，并处10万元以上50万元以下的罚款。

3. 法条解析

众所周知，机动车尾气污染已成为城市空气污染的重要来源之一。作为专业检验检测机构，在机动车排放检验操作上造假并为此出具虚假检验报告，也即意味着这些假达标的机动车在行驶时排放的尾气更会污染空气，其造假行为性质恶劣，也影响检测市场的公平竞争，务必杜绝出现检测数据造假的违法行为，确保采样检测过程规范、检测数据真实和准确。

八 企业违法拒不改正，行政诉讼案例

【案例十五】无锡市HG助剂厂与无锡市滨湖区环境保护局环境保护行政处罚案

事件经过：1987年成立的无锡市HG助剂厂以制造、销售羟基苯甲醚、吩噻嗪等为主业，近年来，无锡市滨湖区环保局多次接群众以来电、信访及“12345”热线交办等多种方式，反映该HG助剂厂排放的废气、恶臭严重影响周边居民生活。环保局于2015年3月26日委托力维公司进行检测，检验报告示该厂无组织排放硫化氢气体厂界浓度超标。后环保局于同年4月3日到该进行实地勘察，分别作出《责令改正决定书》《行政处罚决定书》和《责令限制生产决定书》，责令该助剂厂停止排污并处罚款9万元，但该厂并未采取有效措施进行补救以及赔偿。

2015年5月7日，滨湖区环保局再至该厂进行复查并委托力维公司进行检测，检验报告显示该厂排放硫化氢气体仍然超标。滨湖区环保局又分别于2015年5月18日和10月28日作出《责令改正决定书》以及《责令停产整治告知书》，责令该厂立即停止违法排放污染物的行为，并于2015年11月19日作出《责令停产整治决定书》。同日，滨湖环保局作出《按日连续处罚决定书》，对该厂自2015年4月29日起至2015年5月7日违法排污行为实施按日连续处罚：原处罚决定9万元，计9日，共计罚款人民币81万元。该厂不服，向法院提起行政诉讼。一审法院对该行政行为的程序进

行了审查，驳回了无锡市HG助剂厂的诉讼请求，助剂厂提起上诉。

处罚情况：无锡市中级人民法院二审认为《环境行政处罚办法》第14条规定，县级以上环境保护主管部门在法定职权范围内实施环境行政处罚。《环境保护法》第59条规定，企业事业单位和其他生产经营者违法排放污染物，受到罚款处罚，被责令改正，拒不改正的，依法作出处罚决定的行政机关可以自责令改正之日的次日起，按照原处罚数额按日连续处罚。本案中，力维公司作为具有相应环境检测资质的企业法人，拥有江苏省质量技术监督局颁发的资质认定证书，系江苏省环境保护厅公布的首批通过环境监测业务能力认定的社会环境检测机构，其严格依照法定程序出具的数据和结果具有相应的证明作用。涉案大气污染检测日，力维公司根据当日东南风向、HG助剂厂西侧临河的实际情况，将监测采样点设置于该厂西侧河岸边，符合《恶臭污染物排放标准》（GB 14554—1993）的要求，并无不当，故滨湖区环保局审查力维公司出具的检验报告并据此作出行政处罚亦无不当。在首次行政处罚后经复查，无锡市HG助剂厂仍继续违法排放污染物，滨湖环保局依据其违法持续时间作出按日连续行政处罚，符合法律法规规定。据此判决驳回上诉，维持原判。

事件启示：传统环保行政处罚案件对于环保行政处罚涉及的具有专业性的特殊问题如处罚依据的采样、化验、评估等较少涉及。本案中，无锡市HG助剂厂对行政处罚依据的环境监测采样的程序和实体均提出异议，认为采样点的设置不符合环境采样相关国家标准的规定，故该监测数据不得作出行政处罚的依据。二审法院对这一问题对照已有的专业性规范从程序到实体均进行严格审查并依法作出确认，体现了环境资源审判的科学性和专业性。通过安检审理、判决，依法支持了环境保护机关依法履行监管职责，对同类案件的审理具有借鉴作用。

【案例十六】镇江丹徒区环境保护局申请强制执行对江苏HY焦化有限公司行政处罚案

事件经过：2017年9月3日，镇江市丹徒区环境保护局环境监察工作人员在对江苏HY焦化有限公司焦炉烟囱排口进行废气检查督监测时，发现该公司焦炉烟囱排口废气严重超标。根据丹徒区环境检测站出具的检测报告显示，该公司焦炉烟囱二氧化硫四次实测浓度均超过《炼焦化学工业污染物排放标准》。该公司的上述行为违反了《中华人民共和国大气污染防治法》第18条之规定，依据《中华人民共和国大气污染防治法》第99条第2项之规定，丹徒区环境保护局于2017年11月1日作出了镇江环罚［2017］58号行政处罚决定，对该公司罚款30万元。因该公司在法定期限内既未申请复议，也未提起行政诉讼，又不缴纳罚款，丹徒区环境保护局决定加处罚款30万元，并申请法院强制执行。

处罚情况：镇江市京口区人民法院经审查认为，丹徒区环境保护局作出的镇江环罚［2017］58号行政处罚决定，符合法律规定的强制执行条件，裁定对丹徒区环境保护局作出的镇江环罚［2017］58号行政处罚决定及加处罚款30万元准予强制执行。

事件启示：本案是一起非诉行政强制执行案件。《中华人民共和国行政强制法》第45条规定：行政机关依法作出金钱给付义务的行政决定，当事人逾期不履行的，行政机关可以依法加处罚款或者滞纳金；加处罚款或者滞纳金的数额不得超出金钱给付义务的数额。《中华人民共和国行政处罚法》第51条规定，当事人逾期不履行行政处罚决定的，作出行政处罚决定的行政机关可以每日按罚款数额的百分之三加处罚款。本案江苏华元焦化有限公司非法排放严重超标的废气，污染环境。在被环保行政执法机关处罚后，未及时履行处罚决定所确定的缴纳罚款的义务。人民法院经审查，在对行政处罚决定准予强制执行的同时，对加处30万元罚款的执行罚准予执行。通过对非诉行政强制执行申请进行审查和执行，依法支持环境行政执法机关履行法定职责，有效惩戒环境违法行为。该强制执行行为有助于维护环境行政执法的严肃性，保障环境保护法律法规的有效实施。

九 大气污染责任民事公益诉讼类

【案例十七】中国生物多样性保护与绿色发展基金会诉秦皇岛FY包装玻璃有限公司大气污染责任民事公益诉讼案

事件经过：2015年12月至2016年4月，秦皇岛FY包装玻璃有限公司（以下简称FY公司）因未取得排污许可证，玻璃窑炉超标排放二氧化硫、氮氧化物等大气污染物并拒不改正等行为，被秦皇岛市海港区环境保护局分四次罚款共计1289万元。2015年2月，FY公司签订总金额为3617万元的《玻璃窑炉脱硝脱硫除尘总承包合同》。2016年中国生物多样性保护与绿色发展基金会（以下简称绿发会）提起本案诉讼后，FY公司缴纳行政罚款共计1281万元，并加快了脱硝、脱硫、除尘改造升级进程，于2016年6月15日通过环保验收，于2016年6月17日、2017年6月17日取得排污许可证。2016年12月2日，FY公司再次投入1965万元，增设脱硝脱硫除尘备用设备一套。

原国家环境保护部环境规划院环境风险与损害鉴定评估研究中心接受一审法院委托，按照虚拟治理成本法，将FY公司自行政处罚认定损害发生之日至环保达标之日造成的环境损害数额评估为154.96万元。

处罚情况：河北省秦皇岛市中级人民法院一审认为，本案起诉后，FY公司积极投入，加快治理污染设备的更新改造，诉讼过程中经环保验收已达标排放并取得排污许可证，其非法排放大气污染物的违法行为已经停止。原国家环境保护部环境规划院环境风险与损害鉴定评估研究中心具备法定资质，评估依据已经双方当事人质证，按照虚拟治理成本法计算的环境损害数额包括修复被污染的大气环境的费用和因非法排放大气污染物给环境造成的损害两项内容，应予确认。FY公司污染大气行为影响群众日常生活，造成了一定的精神损害，应承担赔礼道歉的民事责任。一审法院判决FY公司赔偿损失154.96万元，分三期支付至秦皇岛市专项资金账户，用于该地区的环境修复；在全国性媒体上刊登致歉声明；向绿发会支付因本案支出的合理费用3万元。河北省高级人民法院二审维持一审判决。

事件启示：本案系京津冀地区受理的首例大气污染公益诉讼案。大气污染防治是污染防治三大攻坚战之一，京津冀及周边地区是蓝天保卫战的重点区域。本案审理法院正确适用《最高人民法院关于审理环境民事公益诉讼案件适用法律若干问题的解释》，结合绿发会的具体诉讼请求，对FY公司非法排放大气污染物造成的环境损害进行了界定和评估，积极探索公益诉讼专项资金账户运作模式，确保环境损害赔偿金用于受损环境的修复。本案受理后，FY公司积极缴纳行政罚款，主动升级改造环保设施，成为该地区首家实现大气污染治理环保设备“开二备一”的企业，实现了环境民事公益诉讼的预防和修复功能，同时还起到了推动企业积极承担生态环境保护社会责任以及采用绿色生产方式的作用，具有良好的社会导向。本案的审理和公开宣判对司法服务保障京津冀及周边地区环境治理和经济社会发展具有重要的示范效应，将对京津冀及周边地区大气污染防治和区域生态文明建设起到积极的促进作用。

【案例十八】中华环保联合会诉山东德州JH集团ZH有限公司大气污染民事公益诉讼案

事件经过：ZH公司是一家从事玻璃及玻璃深加工产品制造的企业，位于山东省德州市区内。ZH公司虽投入资金建设脱硫除尘设施，但仍有两个烟囱长期超标排放污染物，造成大气污染，严重影响了周围居民生活，被原国家环境保护部点名批评，并被山东省环境保护行政主管部门多次处罚，但其仍持续超标向大气排放污染物。中华环保联合会提起诉讼，请求判令ZH公司立即停止超标向大气排放污染物，增设大气污染防治设施，经环境保护行政主管部门验收合格并投入使用后方可进行生产经营活动；赔偿因超标排放污染物造成的损失2040万元（诉讼期间变更为2746万元）及因拒不改正超标排放污染物行为造成的损失780万元，并将赔偿款项支付至地方政府财政专户，用于德州市大气污染的治理；在省级及以上媒体向社会公开赔礼道歉；承担本案诉讼、检验、鉴定、专家证人、律师及其他为诉讼支出的费用。德州市中级人民法院受理本案后，向ZH公司送达民事起诉状等诉讼材料，向社会公告案件受理情况，并向德州市环境保护局告知本案受理情况。德州市人民政府、德州市环境保护局积极支持、配合本案审理，并与一审法院共同召开协调会。通过司法机关与环境保护行政主管部门的联动、协调，ZH公司将全部生产线关停，在远离居民生活区的天衢工业园区选址建设新厂，防止了污染及损害的进一步扩大，使案件尚未审结即取得阶段性成效。

处罚情况：山东省德州市中级人民法院一审认为，诉讼期间ZH公司放水停产，停止使用原厂区，可以认定ZH公司已经停止侵害。在停止排放前，ZH公司未安装或者未运行脱硫和脱硝治理设施，未安装除尘设施或者除尘设施处理能力不够，多次超标向大气排放二氧化硫、氮氧化物、烟粉尘等污染物。其中，二氧化硫、氮氧化物是酸雨的前导物，过量排放形成酸雨会造成居民人身及财产损害，过量排放烟粉尘将影响大气能见度及清洁度。ZH公司超标排放污染物的行为导致了大气环境的生态附加值功能受到损害，应当依法承担生态环境修复责任，赔偿生态环境受到损害至恢复原状期间服务功能损失。同时，ZH公司超标向大气排放污染物的行为侵害了社会公众的精神性环境权益，应当承担赔礼道歉的民事责任。遂判决ZH公司赔偿超标排放污染物造成损失2198.36万元，用于大气环境质量修复；ZH公司在省级以上媒体向社会公开赔礼道歉等。宣判后，双方当事人均未提起上诉，一审判决已生效。

事件启示：德州大气污染公益诉讼案是新环境保护法施行后，人民法院受理的首例京津冀及其周边地区大气污染公益诉讼案件。大气具有流动性，其本身具有一定的自净功能，企业超标排放是否构成生态环境损害是本案审理的难点。本案裁判明确超标过量排放二氧化硫、氮氧化物和粉尘将影响大气的生态服务功能，应当承担法律责任，可根据企业超标排放数量以及二氧化硫、氮氧化物和粉尘的单位治理成本计算大气污染治理的虚拟成本，进而作为生态环境损害赔偿的依据，具有一定合理性。ZH公司在本案审理期间主动承担社会责任，积极采取措施防止污染的持续和扩大，值得肯定。该案的审结及时回应了当前社会公众对京津冀及周边地区的大气污染治理的关切，对区域大气污染治理进行了有益的实践探索。

第二节 法律知识延展

一 新修订《大气污染防治法》（2018年版）主要特点

修订后《大气污染防治法》2018年10月26日开始实施，其中增加了对大气环境违法行为的处罚力度：

一是增加法律责任条款，有违法就有处罚；

二是提高了罚款的上限，处罚金额最高可达100万元；

三是规定了按日计罚，在环保法的基础上细化并增加了按日计罚的行为；

四是丰富了处罚种类，如行政处罚中有责令停业、关闭、停产整治等。

此外，还有以下4个特点。

1. 污染物总量控制和限期达标制度

大气污染的防治，以改善空气质量为目标，实行污染物总量控制制度，推行重点污染物排放权交易，加强对燃煤、工业、机动车、船舶、扬尘、农业等大气污染的综合防治，将挥发性有机物、生活性排放等物质和行为纳入监管范围，鼓励清洁能源的开发和优先并网。实行限制达标制度，限期达标规划向社会公开，政府每年向本级人大报告限期达标规划执行情况，也向社会公开。

2. 制定系列环境标准

制定的标准包括大气环境质量标准、大气污染物排放标准，燃煤、燃油、石油焦、生物质燃料、涂料等含挥发性有机物产品、烟花爆竹及锅炉等产品的质量标准。规定“制定燃油质量标准，应当符合国家大气污染物控制要求，并与国家机动车船、非道路移动机械大气污染物排放标准相互衔接，同步实施”，这项规定的针对性很强，明显是为了解决机动车污染问题，预示着石油炼制企业必须按照燃油质量标准生产燃油，同时也为环保部门和质监部门介入石油炼制和供应提供了法律依据，维护了社会公共利益。

3. 重点区域大气污染联防联控机制

由环保部门划定重点防治区域，确定牵头地方政府，定期召开联席会议，统一规划、统一标准、统一监测、统一防治、信息共享和联合执法，对颗粒物、二氧化硫、氮氧化物、挥发性有机物、氨等大气污染物和温室气体实施协同控制。重点区域内的新建、改建及扩建用煤项目，实行煤炭的等量或者减量替代。不仅在总则中提及联防联控，还专门设立"重点区域大气污染联合防治"一章予以规制。

4. 重污染天气的应对

对于重污染天气的治理措施，也专设一章即第六章，要求建立重污染天气监测预警机制，地方政府制定应急预案，根据预警等级启动应急预案，实施停产、限产、限行、禁燃、停止建筑施工、停止露天燃烧、停止学校户外活动等应急措施，并鼓励燃油机动车驾驶人在不影响道路通行且需停车三分钟以上的情况下熄灭发动机。

二 《环境保护主管部门实施按日连续处罚办法》相关内容

2014年12月19日原国家环境保护部印发了《环境保护主管部门实施按日连续处罚办法》(环保部令第28号，以下简称《办法》)。《办法》明确了适用按日连续处罚的违法行为种类；规范了实施按日连续处罚的程序；明确了责令改正的内容和形式；确定了拒不改正违法排放污染物行为的评判标准；规定了按日连续处罚的计罚方式；明确了按日连续处罚制度与其他相关环保制度的并用关系。《办法》规定环境保护主管部门实施按日连续处罚主要按照5个步骤实施：

一是发现违法行为，依法处以罚款。环境保护主管部门检查发现排污者违法排放污染物的，应当进行调查取证，并依法作出行政处罚决定。

二是作出责令改正违法行为决定。环境保护主管部门可以当场认定违法排放污染物的，应当在现场调查时向排污者送达责令改正违法行为决定书，责令立即停止违法排放污染物行为。需要通过环境监测认定违法排放污染物的，环境监测机构应当按照监测技术规范要求进行监测。环境保护主管部门应当在取得环境监测报告后三个工作日内向排污者送达责令改正违法行为决定书，责令立即停止违法排放污染物行为。

三是以暗查方式复查改正情况。环境保护主管部门应当在送达责令改正违法行为决定书之日起三十日内，以暗查方式组织对排污者违法排放污染物行为的改正情况实施复查。排污者在环境保护主管部门实施复查前，可以向作出责令改正违法行为决定书的环境保护主管部门报告改正情况，并附具相关证明材料。

四是拒不改正则可按日计罚。环境保护主管部门复查时发现排污者拒不改正违法排放污染物行为的，可以对其实施按日连续处罚。环境保护主管部门复查时发现排污者已经改正违法排放污染物行为或者已经停产、停业、关闭的，不启动按日连续处罚。

五是作出按日连续处罚决定。环境保护主管部门实施按日连续处罚应当符合法律规定的行政处罚程序，包括立案、调查取证、案件审查、告知与听证、作出处理决定和执行等。环境保护主管部门决定实施按日连续处罚的，应当依法作出处罚决定书。

2017年5月原国家环境保护部发布了《环境保护部关于修改<环境保护主管部门实施按日连续处罚办法>的决定（征求意见稿）》（以下简称《征求意见稿》）。《征求意见稿》主要修改以下两方面内容：

一是调整适用范围。将《办法》第5条关于按日连续处罚的适用范围进行调整，增加一项“未依法取得排污许可证排放污染物的”。将“违法倾倒危险废物的”修改为“非法排放、倾倒、处置危险废物的”。修改理由为：增加无证排污的情形，是贯彻落实《大气污染防治法》和即将修订出台的《水污染防治法》的具体举措，也是许可证制度改革的客观要求。修改“非法排放、倾倒、处置危险废物”主要是为了与《最高人民法院、最高人民检察院关于办理环境污染刑事案件适用法律若干问题的解释》中相关表述一致。

二是取消复查期限三十日的规定。《办法》第10条关于复查期限三十日的规定予以取消。修改后的第10条表述为：环境保护主管部门应当在送达责令改正违法行为决定书之后，组织对排污者违法排放污染物行为的改正情况实施复查。取消《办法》第17条、第18条关于再次复查的规定。修改理由为：复查期限三十日的规定影响按日连续处罚制度威力的发挥，也束缚执法人员的手脚，且没有上位法的依据。复查期限取消后，执法人员无论何时去复查均可，就没有必要规定“再次复查”了。取消复查期限和再次复查的规定，将对加大执法力度和简化执法产生重大影响。

三 《大气污染防治行动计划》（气十条2013～2017）相关内容

2013年6月14日，国务院召开常务会议，确定了大气污染防治十条措施，包括减少污染物排放；严控高耗能、高污染行业新增耗能；大力推行清洁生产；加快调整能源结构；强化节能环保指标约束；推行激励与约束并举的节能减排新机制，加大排污费征收力度，加大对大气污染防治的信贷支持等。

“气十条”主要内容有：

一是减少污染物排放。全面整治燃煤小锅炉，加快重点行业脱硫脱硝除尘改造。整治城市扬尘。提升燃油品质，限期淘汰黄标车。

二是严控高耗能、高污染行业新增产能，提前一年完成钢铁、水泥、电解铝、平板玻璃等重点行业“十二五”落后产能淘汰任务。

三是大力推行清洁生产，重点行业主要大气污染物排放强度到2017年年底下降30%以上。大力发展公共交通。

四是加快调整能源结构，加大天然气、煤制甲烷等清洁能源供应。

五是强化节能环保指标约束，对未通过能评、环评的项目，不得批准开工建设，不得提供土地，不得提供贷款支持，不得供电供水。

六是推行激励与约束并举的节能减排新机制，加大排污费征收力度。加大对大气污染防治的信贷支持。加强国际合作，大力培育环保、新能源产业。

七是用法律、标准“倒逼”产业转型升级。制定、修订重点行业排放标准，建议修订大气污染防治法等法律。强制公开重污染行业企业环境信息。公布重点城市空气质量排名。加大违法行为处罚力度。

八是建立环渤海包括京津冀、长三角、珠三角等区域联防联控机制，加强人口密集地区和重点大城市PM2.5治理，构建对各省（区、市）的大气环境整治目标责任考核体系。

九是将重污染天气纳入地方政府突发事件，根据污染等级及时采取重污染企业限产限排、机动车限行等措施。

十是树立全社会“同呼吸、共奋斗”的行为准则，地方政府对当地空气质量负总责，落实企业治污主体责任，国务院有关部门协调联动，倡导节约、绿色消费方式和生活习惯，动员全民参与环境保护和监督。

四《打赢蓝天保卫战三年行动计划》相关内容

2018年6月27日国务院印发《打赢蓝天保卫战三年行动计划（2018～2020）》（以下简称《行动计划》），明确了大气污染防治工作的总体思路、基本目标、主要任务和保障措施，提出了打赢蓝天保卫战的时间表和路线图。《行动计划》指出，要以习近平新时代中国特色社会主义思想为指导，认真落实党中央、国务院决策部署和全国生态环境保护大会要求，坚持新发展理念，坚持全民共治、源头防治、标本兼治，以京津冀及周边地区、长三角地区、汾渭平原等区域为重点，持续开展大气污染防治行动，综合运用经济、法律、技术和必要的行政手段，统筹兼顾、系统谋划、精准施策，坚决打赢蓝天保卫战，实现环境效益、经济效益和社会效益多赢。《行动计划》提出，经过3年努力，大幅减少主要大气污染物排放总量，协同减少温室气体排放，进一步明显降低细颗粒物（PM2.5）浓度，明显减少重污染天数，明显改善环境空气质量，明显增强人民的蓝天幸福感。到2020年，二氧化硫、氮氧化物排放总量分别比2015年下降15%以上；PM2.5未达标地级及以上城市浓度比2015年下降18%以上，地级及以上城市空气质量优良天数比率达到80%，重度及以上污染天数比率比2015年下降25%以上。

《行动计划》提出六方面任务措施，并明确量化指标和完成时限。

一是调整优化产业结构，推进产业绿色发展。优化产业布局，严控“两高”行业产能，强化“散乱污”企业综合整治，深化工业污染治理，大力培育绿色环保产业。

二是加快调整能源结构，构建清洁低碳高效能源体系。有效推进北方地区清洁取暖，重点区域继续实施煤炭消费总量控制，开展燃煤锅炉综合整治，提高能源利用效率，加快发展清洁能源和新能源。

三是积极调整运输结构，发展绿色交通体系。大幅提升铁路货运比例，加快车船结构升级，加快油品质量升级，强化移动源污染防治。

四是优化调整用地结构，推进面源污染治理。实施防风固沙绿化工程，推进露天矿山综合整治，加强扬尘综合治理，加强秸秆综合利用和氨排放控制。

五是实施重大专项行动，大幅降低污染物排放。开展重点区域秋冬季攻坚行动，打好柴油货车污染治理攻坚战，开展工业炉窑治理专项行动，实施挥发性有机物专项整治。

六是强化区域联防联控，有效应对重污染天气。建立完善区域大气污染防治协作机制，加强重污染天气应急联动，夯实应急减排措施。

思考题

1．2016年5月17日，北京市环保局对北京某油库进行了调查，发现该单位储油库的油气回收处理装置油气排放超标。检测结果显示，该油库油气排放浓度值为49克/立方米，超过了北京市地方标准《储油库油气排放控制和限值》（DB 11/ 206—2010）的控制限值20克/立方米。请问应依据哪项条款进行处罚？在日常维护保养中，应该采取什么措施确保油气回收设备设施的完好性，确保监测指标合格？

2．2018年11月4日和5日，青岛市环保局黄岛分局执法人员现场检查发现，青岛XD远工贸有限公司焊接工序正在生产，未开启污染防治设施，通过逃避监管的方式排放大气污染物。请问本案例违反了哪条法律法规？应该采取哪些手段和途径发现企业逃避监管违法超排污染物？

第三章

《水污染防治法》相关案例

扫码即获更多阅读体验

《水污染防治法》是为了保护和改善环境，防治水污染，保护水生态，保障饮用水安全，维护公众健康，推进生态文明建设，促进经济社会可持续发展而制定。但在实际执行过程中，依旧存在较多违法违规的案例，本章重点介绍分析了加油站未实施双罐双线改造、无证违法排污、在线监测设备无法正常运行、逃避监管、伪造数据、船舶水污染以及其他典型案例。

要点导图

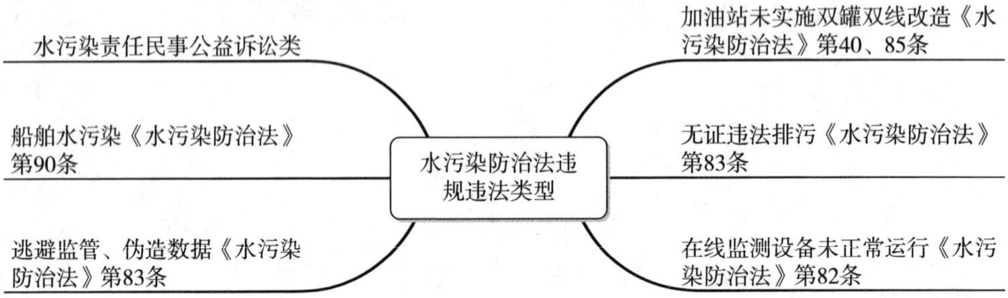
水污染防治法违规违法类型
水污染责任民事公益诉讼类
船舶水污染《水污染防治法》第90条
逃避监管、伪造数据《水污染防治法》第83条
加油站未实施双罐双线改造《水污染防治法》第40、85条
无证违法排污《水污染防治法》第83条
在线监测设备未正常运行《水污染防治法》第82条

第一节 《水污染防治法》基本信息及相关案例

2018年1月1日起实施的《水污染防治法》，包括总则、水污染防治的标准和规划、水污染防治的监督管理、水污染防治措施、饮用水水源和其他特殊水体保护、水污染事故处置、法律责任、附则，共八章内容。新修订的《水污染防治法》（2018年版）将生态文明建设新要求和“水十条”提出的新措施予以规范化、法制化，责任更加明确，思路更加清晰，重点更加突出，监管更加全面，惩处更加有力，为新时代加强水污染防治工作提供了有力的法律武器。

以案释法

一 加油站未实施双罐双线改造案例

1. 实例分析

【案例一】未及时进行加油站双层罐改造被处罚（一）

事件经过：2018年4月24日，昆明市西山区环境保护局对Z集团云南某加油站进行现场检查时发现该站8个地下汽油、柴油储罐均未改造为双层罐，也未配套建设防渗池等有效防渗措施。

处罚情况：云南Z加油站违反了《中华人民共和国水污染防治法》（2018年版）第40条第2款：“加油站等的地下油罐应当使用双层罐或者采取建造防渗池等其他有效措施，并进行防渗漏监测，防止地下水污染。”的规定，责令其限期2018年5月24日前完成现有汽油、柴油储罐的双层罐改造或者建造配套的防渗池等有效防渗漏措施，并进行防渗漏监测，防止地下水污染；处罚款人民币12万元。

【案例二】未及时进行加油站双层罐改造被处罚（二）

事件经过：2018年6月4日，南开区环保局执法人员对Z集团天津某加油站进行现场检查。经查发现，该单位共有地下储油罐5个，均未使用双层罐或者采取建造防渗池等其他有效措施，并进行防渗漏监测，防止地下水污染。

处罚情况：该单位上述行为违反了《中华人民共和国水污染防治法》（2018年

版）第40条第2款“加油站等的地下油罐应当使用双层罐或者采取建造防渗池等其他有效措施，并进行防渗漏监测，防止地下水污染”的规定。依据《中华人民共和国水污染防治法》（2018年版）第85条第1款第（八）项以及第2款“加油站等的地下油罐未使用双层罐或者采取建造防渗池等其他有效措施，或者未进行防渗漏监测的，由县级以上地方人民政府环境保护主管部门责令停止违法行为，限期采取治理措施，消除污染，处2万元以上20万元以下的罚款”的规定，2018年6月14日，南开区环保局对该单位下达了行政处罚决定书，责令该单位立即改正违法行为，处罚款4万元。

事件启示：此前原国家环境保护部等多部门联合下发的《关于加快推进加油站地下油罐防渗改造工作的通知》明确指出，单层油罐防渗漏水平低，一旦泄露，极易造成地下水污染。油品销售企业作为地下油罐防渗改造工作的责任主体，应严格按照《通知》要求，及时更新双层罐或设置防渗池以及更新双层管道。

2. “加油站未实施双罐双线改造”法律责任

《中华人民共和国水污染防治法》（2018年版）第40条第2款规定：加油站等的地下油罐应当使用双层罐或者采取建造防渗池等其他有效措施，并进行防渗漏监测，防止地下水污染。

《中华人民共和国水污染防治法》（2018年版）第85条第8款规定：有下列行为之一的，由县级以上地方人民政府环境保护主管部门责令停止违法行为，限期采取治理措施，消除污染，处以罚款；逾期不采取治理措施的，环境保护主管部门可以指定有治理能力的单位代为治理，所需费用由违法者承担：（一）向水体排放油类、酸液、碱液的；（二）向水体排放剧毒废液，或者将含有汞、镉、砷、铬、铅、氰化物、黄磷等的可溶性剧毒废渣向水体排放、倾倒或者直接埋入地下的；（三）在水体清洗装贮过油类、有毒污染物的车辆或者容器的；（四）向水体排放、倾倒工业废渣、城镇垃圾或者其他废弃物，或者在江河、湖泊、运河、渠道、水库最高水位线以下的滩地、岸坡堆放、存贮固体废弃物或者其他污染物的；（五）向水体排放、倾倒放射性固体废物或者含有高放射性、中放射性物质的废水的；（六）违反国家有关规定或者标准，向水体排放含低放射性物质的废水、热废水或者含病原体的污水的；（七）未采取防渗漏等措施，或者未建设地下水水质监测井进行监测的；（八）加油站等的地下油罐未使用双层罐或者采取建造防渗池等其他有效措施，或者未进行防渗漏监测的；（九）未按照规定采取防护性措施，或者利用无防渗漏措施的沟渠、坑塘等输送或者存贮含有毒污染物的废水、含病原体的污水或者其他废弃物的。

有前款第（三）项、第（四）项、第（六）项、第（七）项、第（八）项行为之一的，处2万元以上20万元以下的罚款。有前款第（一）项、第（二）项、第（五）项、第（九）项行为之一的，处10万元以上100万元以下的罚款；情节严重的，报经有批准权的人民政府批准，责令停业、关闭。

3. 法条解析

加油站储罐埋在地下经过长期腐蚀，即使泄漏了也不能及时发现，长此以往对土壤、地下水等造成了严重的污染。根据中国工程院2001年编制的《中国腐蚀调查报告》储罐漏油事故多发生在运行7年以后，而10～15年的，孔蚀次数会不断增加，平均穿孔率达14%。据专家测算，国内储油罐所用的钢材，每年腐蚀0.05～0.5毫米属于合格。如果按一年腐蚀0.5毫米计算，6毫米的罐，12年就会发生腐蚀穿孔。然而，如果不包括事故有关和管线的更换，目前的更换比例很低，不超过20%。因此，大量的油品在观察不到的地下发生着缓慢渗漏，对土壤、地下水环境造成严重的污染。新修订的《水污染防治法》（2018年版）第40条、第85条中关于加油站双罐双线改造相关条款均属于新增法条，也是为了从立法层面强化环保监管，同时也是与《全国地下水污染防治规划（2011～2020年）》（环发［2011］128号）和《加油站地下水污染防治技术指南（试行）》（环办水体函［2017］323号）配套落实有关要求。

二 无证违法排污案例

1. 实例分析

【案例三】宁夏回族自治区中卫市沙坡头区人民检察院诉宁夏MS染化有限公司、廉某污染环境案

事件经过：2007年以来，宁夏MS染化有限公司（以下简称“MS公司”）在废水处理措施未经环境影响评估，未经申报登记、验收的情况下，擅自在厂区外东侧腾格里沙漠采用“石灰中和法”处置工业废水。2009年6月18日，廉某任MS公司法定代表人，负责公司的全面工作并决定继续使用“石灰中和法”处置工业废水。MS公司于2011年5月11日取得排放污染物许可证，有效期限至2014年4月30日。MS公司在排放污染物许可证到期后，仍继续非法排污。至2014年9月被责令关闭停产时，该公司厂区外东侧腾格里沙漠渗坑内存有大量工业废水。经宁夏环境监测中心站对现场废水取样检测认定，废水中多项监测因子超过国家排放标准。案发后，MS公司、廉某为防止污染扩大，及时采取措施，消除污染。MS公司支付因采取合理必要措施所产生的费用626640元。

处罚情况：根据《中华人民共和国水污染防治法》（2018年版）第83条，宁夏回族自治区中卫市沙坡头区人民法院一审认为，MS公司违反国家有关环境保护的规定，非法排放、处置有毒物质，严重污染环境，廉某系被告单位直接负责的主管人员，对污染环境的行为负有直接责任，MS公司和廉某的行为均已触犯刑律，构成污染环境罪。MS公司排污时间相对较长，且在排放污染物许可证到期后，仍非法排污，严重污染环境，结合MS公司的具体犯罪事实，一审法院判决MS公司犯污染环境罪，判处罚金人民币500万元；廉某犯污染环境罪，判处有期徒刑一年六个月，缓刑二年，并处罚金人民币5万元。

事件启示：本案最大的亮点在于法院采用了“双罚制”，即对涉案企业宁夏MS染化有限公司判处刑事罚金500万元，让涉案企业在经济上“得不偿失”，今后不敢再犯，较好地威慑了那些不依法办理环评手续、超标排污、无排污许可证排污或“超（许可）证”排污、偷排污染物的潜在的类似环境污染危害行为人。同时，法院对涉案企业的法定代表人、污染行为直接负责的企业主管人员廉某，判处有期徒刑一年六个月，并处罚金5万元。那些心存侥幸的污染企业的法定代表人应该以此为戒，环保警钟时时敲响，环境守法谨记于心，依法经营，保护环境，避免犯罪入狱导致“自由和财产两失”。

【案例四】东莞某电镀加工厂无排污证污染环境案

事件经过：2018年8月9日，东莞市公安机关和环保部门在万江新和社区查封了一家偏僻、隐蔽的无排污许可证的电镀加工厂。这家电镀厂通过厂内直排口，向外界水体环境直接排放了未经处理的废水。警方当天将老板段某敏和员工王某传唤审查，环保部门随后对工厂进行检查。涉案另一名老板段某闪在电镀厂被查封的当天恰巧不在东莞，得知出事后就一直未露面，2018年8月18日，警方在广州将其抓获。东莞市环境监测中心站的监测报告显示，涉案电镀厂排放的废水总镍超排放限值的0.5倍，总锌超排放限值的45.7倍。由于该电镀厂的废水通过工厂独立排水口流出，再与其他工厂的废水通过公共排水渠排走，段某闪因此提出质疑，认为废水样本是取自公共排水渠。对此环境部门回应称，废水样本并不是取自段某闪所说的公共排水渠，而是电镀厂的独立排水口，取样时还有村委会人员当场见证。

处罚情况：经过公开开庭审理，2019年4月12日，东莞市第一人民法院作出一审判决，认定被告人段某闪、段某敏、王某构成污染环境罪，依法判处段某闪有期徒刑一年六个月，处罚金30000元，段某敏有期徒刑一年三个月，处罚金20000元，王某有期徒刑一年，处罚金10000元。

事件启示：污染环境罪是指违反国家规定造成环境污染后果严重的行为，处三年以下的有期徒刑或者拘役，并处或者单处罚金。后果特别严重的，处三年以上、七年以下有期徒刑并处罚金。后果严重包括违规排放镍、锌、铜、银等污染物，超标10倍以上即可定罪。本案排放锌超标40多倍，所以被定罪判刑。环境污染事件严重侵犯公众健康权，甚至会造成公共环境安全事件，然而在过去很长的一段时间内，肇事企业和个人充其量是被罚款了事，违法成本过低，也使得一些人无所畏惧。随着打击环境污染力度加大，法律越来越完善，环境污染入刑必将成为常态，刑罚的威严，也将让违法者付出沉重的代价。

2. "无证违法排污"法律责任

《中华人民共和国水污染防治法》（2018年版）第83条：违反本法规定，有下列行为之一的，由县级以上人民政府环境保护主管部门责令改正或者责令限制生产、停产整治，并处10万元以上100万元以下的罚款；情节严重的，报经有批准权的人民政府批准，责令停业、关闭：（一）未依法取得排污许可证排放水污染物的；（二）超过水污染物排放标准或者超过重点水污染物排放总量控制指标排放水污染物的；（三）利用渗井、渗坑、裂隙、溶洞，私设暗管，篡改、伪造监测数据，或者不正常运行水污染防治设施等逃避监管的方式排放水污染物的；（四）未按照规定进行预处理，向污水集中处理设施排放不符合处理工艺要求的工业废水的。

3. 法条解析

《中华人民共和国水污染防治法》（2018年版）第83条是从2008年水污染防治法第74条修改而来的，2008年修改水污染防治法时，删除了超标排污费的条款，并在74条第1款规定：违反本法规定，排放水污染物超过国家或地方规定的水污染物排放标准，或者超过重点水污染物排放总量控制指标的，由县级以上人民政府环境保护主管部门按照权限责令限期治理，处应缴纳排污费数额二倍以上五倍以下的罚款。上述规定确立的责任线条为：排放污染物的，缴纳排污费；超标或者超总量排污的，限期治理；逾期未完成治理任务的，责令关闭。这样规定，从法律上明确了我国水污染物排放标准的强制性，使其真正成为判断排污者的污染物排放行为是否合法的依据，使我国的水污染控制法律制度更加科学、完整、合理，并与大气污染防治法保持了一致。

随着新的环境保护法和大气污染防治法的颁布实施，这一制度在实践中得到了更好地丰富和完善，新修订的《水污染防治法》（2018年版）将2008年水污染防治法第20条改为第21条，并将条款修改为："直接或者间接向水体排放工业废水和医疗污水以及其他按照规定应当取得排污许可证方可排放的废水、污水的企业事业单位和其他生产经营者，应当取得排污许可证。排污许可证应当明确排放水污染物的种类、浓度、总量和排放去向等要求。排污许可的具体办法由国务院规定。禁止企业事业单位和其他生产经营者无排污许可证或者违反排污许可证的规定向水体排放前款规定的废水、污水。"违法上述规定的，应当承担相应的法律责任。

三 "在线监测设备无法正常运行"案例

1. 实例分析

【案例五】宁夏LX水务有限公司擅自停用COD在线监测仪水质采样泵

事件经过：2017年7月19日，银川市环境监察支队联合银川市环境信息中心、银川市环境监测站和宁夏JZ环保科技有限公司对宁夏LX水务有限公司废水总排口在线监测设施突击检查，发现该单位：擅自停用COD在线监测仪水质采样泵，致使COD在线监测仪无法采集到总排口废水进行监测。COD在线监测仪未完成正常测量的情况下，设备采样管被拔出连接至自备水样瓶，人为干扰了在线监测设备，造成污染源自动监控系统不能正常运行。上述行为违反了《污染源自动监控设施现场监督检查办法》第6条第2款的规定。

处罚情况：依据《行政处罚法》《行政执法机关移送涉嫌犯罪案件的规定》和《最高人民法院、最高人民检察院关于办理环境污染刑事案件适用法律若干问题的解释》的规定，银川市环保局将该单位涉嫌环境污染犯罪的有关材料、证据移送银川市公安局环境和食品药品安全保卫分局依法追究相关责任人刑事责任，目前该案处于移送审查起诉阶段。同时，环保局依据《污染源自动监控设施现场监督检查办法》第20条和《水污染防治法》（2018年版）第83条的规定，责令该单位立即改正违法行为，并处罚款8万元。经查，该单位已改正违法行为，主动履行行政处罚决定，足额缴纳了罚款。

【案例六】杭州XDS科技有限公司篡改数据采集仪程序

事件经过：2016年3月1日，杭州市环境监察支队对杭州YH印染整理有限公司进行现场检查发现，COD水质在线监测仪历史数据中400mg/L以上的监测数据与同时段数据采集仪显示上传数据不一致。例如：2016年1月29日，COD水质在线监测仪数据为482.8mg/L，数据采集仪数据为167.43mg/L；2016年3月1日，COD水质在线监测仪数据为552.4mg/L，数据采集仪数据为147.51mg/L。另外，自动监控设备的运行维护单位杭州XDS科技有限公司员工，在执法人员检查期间擅自远程登录企业数据采集仪并对程序进行修改，删除操作日志。杭州市环境保护局于2016年3月8日立案调查。经调查，杭州XDS科技有限公司作为杭州YH印染整理有限公司污染物自动监控系统的运行维护管理单位，擅自将数据采集仪软件设定为：超过400mg/L浓度的监测数据自动用以前不超过400mg/L的监测数据代替，致使COD水质在线监测仪测量值与污染物自动监控系统上传至环保部门的监测值不一致。

处罚情况：杭州市环保局根据《水污染防治法》（2008年版）第73条、《浙江省水污染防治条例》57条的规定，对杭州YH印染整理有限公司不正常使用水污染物处理设施的违法行为罚款人民币56550元。杭州市公安局根据《环境保护法》第63条第3款、《治安管理处罚法》第17条第1款的规定，对杭州XDS科技有限公司的张某、岑某2人通过远程登录企业数据采集仪对仪器中软件进行修改，同时删除操作日志，试图逃避监管的违法行为给予行政拘留五日的行政处罚。

【案例七】杭州AK环保科技有限公司未按技术规范进行日常运维操作在线监测设备

事件经过：2016年3月3日，杭州市环境保护局执法人员对GL生物科技股份有限公司进行现场检查，发现COD水质在线监测仪无法正常启动运行，且2016年2月8～22日期间无历史数据。杭州市环境保护局于2016年3月8日立案调查。经查明，杭州AK环保科技有限公司为GL生物科技股份有限公司的自动监控设备运行维护单位。GL生物科技股份有限公司COD水质在线监测仪自2016年2月8～22日期间处于死机状态，无法运行。杭州AK环保科技有限公司的运维人员2016年1月29～2月26日期间未按相关要求到企业进行日常运维操作，致使水污染物自动监控系统不正常运行使用；并在2016年2月26日当天伪造了2016年2月5日、2016年2月19日的运行维护记录与质控样比对监测记录。

处罚情况：杭州市环境保护局根据《水污染防治法》（2008年版）第73条、《浙江省水污染防治条例》五十七条的规定，对GL生物科技股份有限公司不正常使用水污染物处理设施的违法行为罚款人民币2134元。杭州市公安局根据《环境保护法》第63条第3款、《公安机关办理行政案件程序规定》第137条第2款的规定，对杭州AK环保科技有限公司的贾丰、周传雷、徐楠3人违反技术规范操作、未按频次到现场运行维护以及伪造虚假的运维记录、质控样比对记录的违法行为给予行政拘留五日的行政处罚。

事件启示：环保污染源自动监控设施是污染防治设施的组成部分，也是环保部门监控记录企业排污情况的眼睛。但是，随着环保在线数据应用越来越广，部分不法单位将弄虚作假、规避监管的念头打到在线设施上来。本案违法行为的实质即为通过人为干扰在线监测设备，进而造成污染源自动监控系统不能正常运行，最终达到逃避环保部门监管的目的。在此类案件中，行为人大多存在主观故意，造假手段多，隐蔽性强，查处难度较大。

2. “在线监测设备无法正常运行”法律责任

《中华人民共和国水污染防治法》（2018年版）第82条：违反本法规定，有下列行为之一的，由县级以上人民政府环境保护主管部门责令限期改正，处2万元以上20万元以下的罚款；逾期不改正的，责令停产整治：（一）未按照规定对所排放的水污染物自行监测，或者未保存原始监测记录的；（二）未按照规定安装水污染物排放自动监测设备，未按照规定与环境保护主管部门的监控设备联网，或者未保证监测设备正常运行的；（三）未按照规定对有毒有害水污染物的排污口和周边环境进行监测，或者未公开有毒有害水污染物信息的。

3. 法条解析

新修订的《水污染防治法》（2018年版）中将2008年水污染防治法第23条第1款修改为：“实行排污许可管理的企业事业单位和其他生产经营者应当按照国家有关规定和监测规定，对所排放的水污染物自行监测，并保存原始监测记录……”这是法律赋予排污主体对污染物排放的自我监测义务。违法该项义务的，依照本条追究法律责任。具体而言：①违法主体是所有排放水污染物的实行排污许可管理的企业事业单位和其他生产经营者。②企业未按照规定对所排放的水污染物自行监测并保存原始监测记录。包括以下情况：一是企业不对其所排放的水污染物进行监测。二是企业开展的监测活动不符合国家有关规定。对于水污染物的监测，国家制定了一系列技术规范。这些技术规范，有关企业在进行自我监测时必须遵守。三是企业没有依法保存水污染物排放情况的原始监测记录。原始监测记录是对污染物排放情况最基础、最全面也是最科学的记载，是企业排污状况完整、准确地反映。保存原始监测记录是企业自我监测的必然要求。故意或者过失不保存，甚至销毁原始监测记录，应当追究法律责任。

新修订的《水污染防治法》（2018年版）中将2008年水污染防治法第23条第1款修改为："……重点排污单位还应当安装水污染物排放自动监测设备，与环境保护主管部门的监控设备联网，并保证监测设备正常运行。"违反这一规定的，依照本条追究法律责任。具体而言，有以下方面：①违法主体是应当安装水污染物排放自动监测设备的重点排污单位。该重点排污单位的名录，依照本法的有关规定，由设区的市级以上地方人民政府环境保护主管部门根据本行政区域的环境容量、重点水污染物排放总量控制指标的要求以及排污单位排放水污染物的种类、数量和浓度等因素，商同级有关部门确定。②重点排污单位未按照规定安装水污染物排放自动监测设备或者未按照规定与环境保护主管部门的监控设备联网，并保证监测设备正常运行。对违反国家有关重点污染源水污染物排放自动监控系统的建设、管理和运行维护规定的，主要包括以下情形：一是没有安装水污染物排放自动监测设备；二是虽然安装了水污染物排放自动监测设备，但不符合环保部门的规定，比如安装的仪器未经环保部门检验认可，或者仪器的自动监测功能不符合环保部门的要求等；三是虽然安装了水污染物排放自动监测设备，但没有依照法律法规的规定与环保部门的监控设备联网，致使自动在线监测的功能无法发挥；四是虽然依照有关规定安装了水污染物排放自动监测设备，但没有采取措施保证该设备的正常运行，比如故意打不开监测设备，或者出现故障后不进行维修等。所有这些行为，其根本目的在于规避环保部门的监管，应当追究其法律责任。

新修订的《水污染防治法》（2018年版）中将2008年水污染防治法第四章第一节增加一条，作为第32条："国务院环境保护主管部门应当会同国务院卫生主管部门，根据对公众健康和生态环境的危害和影响程度，公布有毒有害水污染物名录，实行风险管理。排放条款规定名录中所列有毒有害水污染物的企业事业单位和其他生产经营者，应当对排污口和周边环境进行监测，评估环境风险，排查环境安全隐患，并公开有毒有害水污染物的信息，采取有效措施防范环境风险。"违法这一规定的，依照本条追究法律责任。具体而言，有以下两方面：①未按照规定对有毒有害水污染物的排污口和周边环境进行监测。污染物可分为有毒有害污染物和一般污染物。

国家发布有毒、有害水污染物名录，是制定环境质量标准、污染物排放标准时确定污染控制项目的重要依据，为实施环境风险管理提供基础，同时强调企业主体责任，要求企业更全面地控制污染物。因此，排放列入名录的水污染物的企业，应当按照规定对排污口和周边规定进行监测。②未公开有毒、有害水污染物信息。有毒有害污染物是指直接或者间接为生物摄入体内后，导致该生物或者其后代发病、行为反常、遗传异变、生理机能失常、机体变形或者死亡的污染物。如铅、镉等重金属和持久性有机污染物等。鉴于有毒、有害污染物的特性，企业应当公开有关信息，最大限度地保障公众安全。

四 “逃避监管、伪造数据”案例

1. 实例分析

【案例八】温州DY胶业有限公司逃避监管排放水体污染物

事件经过：2019年4月26～27日，温州市环境监察支队执法人员对温州DY胶业有限公司及周边现场检查发现，温州DY胶业有限公司明胶搅拌池旁的硫酸储罐下方有水泥盖板，水泥盖板下方安装了电子泵阀。该电子泵阀进水来自应急池中的废水，出口通过埋在地下的管道一直延伸到厂区外疏港大道雨水窨井，再由雨水窨井管道连接至南面郑家墩村码头滩涂上。该电子泵阀可用无线电远程遥控器进行开关，当电子泵阀开启时，应急池废水通过暗管直接排入码头外的鳌江中。

2019年4月26日晚，温州DY胶业有限公司通过上述阀门和暗管将应急池废水排放至郑家墩村鳌江码头滩涂上（温州DY胶业有限公司正南方）。经监测，2019年4月26日晚温州DY胶业有限公司排放到郑家墩村鳌江码头滩涂上的废水*COD*为1.02×10^3mg/L、*SS*为70mg/L，超过《污水综合排放标准》（GB 8978—1996）表4中的一级标准。

处罚情况：根据《中华人民共和国水污染防治法》（2018年版）第83条第3款“违反本法规定，有下列行为之一的，由县级以上人民政府环境保护主管部门责令改正或者责令限制生产、停产整治，并处10万元以上100万元以下的罚款；情节严重的，报经有批准权的人民政府批准，责令停业、关闭：……（三）利用渗井、渗坑、裂隙、溶洞，私设暗管，篡改、伪造监测数据，或者不正常运行水污染防治设施等逃避监管的方式排放水污染物的”的规定，温州市环生态环境保护局决定对温州DY

胶业有限公司作出责令停产整治决定，同时，经市局讨论，认为该公司通过私设暗管，用远程遥控电子泵阀的方式，将应急池中废水进行偷排的行为性质恶劣，对该公司要求从轻处罚的意见不予采纳，作出以下行政处罚：罚款人民币100万元。根据《环境保护主管部门实施限制生产、停产整治办法》规定，温州德源胶业有限公司当在收到本决定书后立即整改，并在15个工作日内将整改方案报市局备案并向社会公开。整改方案应当确定改正措施、工程进度、资金保障和责任人员等事项。完成整改任务后，应当在15个工作日内将整改任务完成情况和整改信息社会公开情况，报市局备案，并提交整改材料。停产整治决定自该公司整改任务完成情况和整改信息社会公开情况向市局备案之日起解除。

【案例九】莆田市涵江区HD包装有限公司涉嫌私设暗管逃避监管方式排放水污染物案

事件经过：莆田市涵江区HD包装有限公司从事纸箱加工生产，其主要生产工艺为：纸板、裁切、印刷、装订。福建省环保厅、莆田市环境保护局、涵江区环境保护局执法人员对该公司现场检查，发现该公司印刷机清洗废水通过印刷机旁的收集池未经处理，通过收集池底部开口进入PVC管道，通过PVC管道外排至车间外雨水沟，莆田市环境监测站人员在该公司厂界内的印刷机油墨收集桶及印刷机冲洗水收集池各采集水样1瓶进行检测。《检测报告》显示该公司印刷机冲洗水收集池里的化学需氧量超过GB 8978—1996《污水综合排放标准》表4中的三级标准。并且经过现场勘查和询问，该公司承认存在通过PVC管道向外环境超标排放污染物。严重违反《中华人民共和国环境水污染防治法》第39条规定，属于私设暗管逃避监管方式来排放水污染物。

处罚情况：依据《中华人民共和国环境水污染防治法》（2018年版）第39条规定："禁止利用渗井、渗坑、裂隙、溶洞，私设暗管，篡改、伪造监测数据，或者不正常运行水污染防治设施等逃避监管的方式排放水污染物。"《中华人民共和国环境水污染防治法》（2018年版）第83条第3款规定，"违反本法规定，有下列行为之一的，由县级以上人民政府环境保护主管部门责令改正或者责令限制生产、停产整治，并处10万元以上100万元以下的罚款；情节严重的，报经有批准权的人民政府批准，责令停业、关闭"。涵江区环境保护局责令该公司限期拆除暗管，并依法作出罚款人民币壹拾万元整的行政处罚。依据《中华人民共和国环境保护法》第63条规定，依法移送区公安局行政拘留。

【案例十】厦门SS科技有限公司私设暗管逃避监管偷排废水

事件经过：2018年6月20日，原厦门市环境监察支队接到群众举报，反映位于厦门市集美区灌口镇清溪路的一口雨水窨井有白色污水排出。环境执法人员立即赶赴现场，并对周边区域开展巡查。进入厦门SS科技有限公司检查时，发现该公司生产正常，超声波清洗线产生的清洗废水外溢，经收集沟排入厂外废水收集池。厦门SS科技有限公司声称，该收集池的废水会抽至污水处理设施处理达标后排放。但经过执法人员进一步检查发现，厂外的废水收集池位于一片齐腰高的草丛荆棘中，貌似正常的集水池内竟然暗藏着一根直径60厘米的排水管，废水正通过该管直接外排至深青溪。执法人员立即对该公司的外排废水取样送检。2018年6月21日，厦门中迅德检测技术有限公司出具检测报告显示，送检的水样*COD*浓度为1340mg/L，总磷浓度为4.60mg/L，超过《厦门市水污染物排放标准》（DB 35322—2011）一级排放标准。

处罚情况：针对厦门SS科技有限公司在生产经营过程中，私设暗管排放污染物的严重环境违法行为，原厦门市环境监察支队采取了一系列措施进行严惩。2018年6月20日，当场对该公司相关产污设施实施查封。2018年6月29日，依据《环境保护主管部门实施限制生产、停产整治办法》第6条第1项的规定，责令该公司立即停产整治。2018年8月20日，依据《中华人民共和国水污染防治法》（2018年版）第83条第3项的规定："违反本法规定，有下列行为之一的，由县级以上人民政府环境保护主管部门责令改正或者责令限制生产、停产整治，并处10万元以上100万元以下的罚款；情节严重的，报经有批准权的人民政府批准，责令停业、关闭：（三）利用渗井、渗坑、裂隙、溶洞，私设暗管，篡改、伪造监测数据，或者不正常运行水污染防治设施等逃避监管的方式排放水污染物的"，对该公司处以罚款人民币10万元整。2019年9月10日，依据《中华人民共和国环境保护法》第63条第3项和《行政主管部门移送适用行政拘留环境违法案件暂行办法》的规定，原厦门市环境保护局将该案件移送公安部门，相关责任人被公安部门行政拘留。

事件启示：私设暗管或者采取其他规避监管的方式排放污染物是一种主观恶性更大的违法行为，其不仅可能导致更严重的环境损害后果，而且对监管造成了严重的阻碍及干扰，大大增加了执法的难度和成本。本案违法行为人承认通过管道向外环境超标排放污染物，其主观上存在恶意，并且有私设暗管排放污水的行为，所以区环保局作出的行政处罚对于类似环境违法行为有重要的警示作用。环保主管部门对私设暗管排放水污染物这类环境违法行为采取的行政管理措施有责令限期拆除的行政命令、罚款的行政处罚、查封的强制措施、移送公安机关行政拘留，这些都可以并行实施。

【案例十一】重庆SX环保科技有限公司、被告人程某等污染环境案

事件经过：被告单位SX环保公司系具有工业废水处理二级资质的企业。2013年12月5日，SX环保公司与重庆藏金阁物业公司签订协议，约定SX环保公司自2013年12月5日至2018年1月4日运行重庆藏金阁电镀工业中心废水处理项目。SX环保公司承诺保证中心排入污水处理站的废水得到100%处理，确保污水经处理后出水水质达标，杜绝废水超标排放和直排行为发生。在运营该项目过程中，项目现场管理人员发现1号调节池有渗漏现象，向SX环保公司法定代表人程某报告。程某召集项目工作人员开会，要求利用1号调节池的渗漏偷排未经完全处理的电镀废水。项目现场管理人员遂将未经完全处理的电镀废水抽入1号调节池进行渗漏。2016年5月4日，重庆市环境监察总队现场检查发现该偷排行为。经采样监测，1号调节池内渗漏的废水中六价铬、总铬浓度分别超标29.5倍、9.9倍。

处罚情况：重庆市渝北区人民法院一审认为，被告单位SX环保公司违反《中华人民共和国水污染防治法》（2018年版）第83条规定，非法排放含有重金属的污染物超过国家污染物排放标准3倍以上，严重污染环境，其行为已构成污染环境罪。被告人程某作为SX环保公司的法定代表人，系SX环保公司实施污染环境行为的直接负责的主管人员；SX环保公司项目现场管理人员是SX环保公司实施污染环境行为的直接责任人员，均构成污染环境罪。鉴于各被告人分别具有自首、坦白等情节，以污染环境罪判处SX环保公司罚金8万元；判处程某等人有期徒刑并处罚金。

案例启示：本案系向长江干流排放污水引发的水污染刑事案件。重庆地处长江上游和三峡库区腹地，重庆市渝北区人民法院通过依法审理重点区域的环境资源案件，严惩重罚排污者，构筑长江上游生态屏障。本案中，SX环保公司作为具有工业废水处理资质的企业，在受托处理工业废水的过程中，明知调节池有渗漏现象，依然将未经完全处理的电镀废水以渗漏方式直接向长江干流排放，严重污染长江水体，应当依法承担刑事责任。

在SX环保公司承担刑事责任后，重庆市人民政府、重庆两江志愿服务发展中心以重庆藏金阁物业公司、SX环保公司为共同被告，分别提起生态环境损害赔偿诉讼和环境民事公益诉讼，要求二被告依法承担生态环境修复等费用，并向社会公开赔礼道歉。重庆市渝北区人民法院通过审理刑事案件以及省市人民政府提起的生态环境损害赔偿诉讼、社会组织提起的环境民事公益诉讼，充分发挥环境资源审判职能作用，为服务和保障长江流域生态文明建设提供了较好范本。

【案例十二】福建省泉州市NY污水处理厂自动监测数据造假案

事件经过：2017年2月，邱某受聘于泉州市重点排污单位泉州市NY污水处理厂任中控调阅员，负责调阅中控系统，维护废水自动监控设施并记录相关台账，记录废水自动监控设施检测数据等工作。2017年3月23日22时，许邱某进入监控站房查阅数据，以为COD自动监控设备未正常监测，擅自对COD自动监控设备进行改装，将原采样管断开后置于1个500mL容量瓶内（标注40mg/L，2017年3月20日），并以容量瓶内所盛液体代替实际水样进行监测，修改后未进行登记、未向上级报告和环保部门报备有关情况，造成污染源监控系统不能正常运行，COD自动监控设备形成的数据失去有效性，伪造了自动监测数据排放COD污染物。2017年3月24日10时许，泉州市环境监察支队执法人员会同南安市环保局水头分局工作人员例行检查时，现场查获此案。

处罚情况：邱某违反《中华人民共和国水污染防治法》（2018年版）第83条规定，擅自对COD自动监控设备进行改装，伪造自动监测数据排放COD污染物，严重污染环境，其行为已构成污染环境罪。依照《中华人民共和国刑法》第338条、第67条第1款，《最高人民法院、最高人民检察院关于办理环境污染刑事案件适用法律若干问题的解释》第1条第7项的规定，南安市人民法院判处被告人邱某有期徒刑六个月，并处罚金1万元。

【案例十三】莘县SG环保工程技术有限公司自动监测数据弄虚作假案

事件经过：山东省环境信息与监控中心通过重点污染源自动监测设备动态管控系统，发现2016年11月22日至24日，莘县SG环保工程技术有限公司（城镇污水处理厂）氨氮自动监测设备参数变动异常，涉嫌数据造假。11月25日，省环境信息与监控中心赴莘县SG环保工程技术有限公司进行独立调查。监控执法人员到达现场后，发现企业更换了门锁导致无法进入监控站房，执法人员从已被企业破坏的窗子进入站房，确定该企业氨氮自动监测设备参数被人为修改。现场还发现该公司COD自动监测设备采样管路被断开并放置在矿泉水瓶中，无法采集真实水样，公司涉嫌同时对氨氮和COD数据弄虚作假。监控执法人员立即固定好违法证据，并按照全省环保公安联勤联动工作机制通知省公安厅食药环总队。

处罚情况： 聊城市环保局、聊城市公安局第一时间赶到现场，与省环境信息与监控中心一起对企业进行调查问询，通过监控视频确定了造假实施者。莘县环保局对莘县SG环保工程技术有限公司监测数据弄虚作假顶格罚款10万元，莘县公安局依据《环境保护法》第63条规定，对造假实施者王某行政拘留15日。

【案例十四】SS环境城西（潍坊）污水处理公司自动监测数据弄虚作假案

事件经过： 山东省环境监控中心通过数据分析发现，SS环境城西（潍坊）污水处理公司氨氮短暂超标后突然降低，不符合污水处理规律，怀疑企业可能对自动监测设备采样系统造假。2016年7月6日凌晨3点，省环境监控中心对该公司进行了独立调查。为避免人为干扰，尽快固定证据，调查人员潜入厂内蹲守，10分钟后，发现有人在监测站房门前窥视，当自动监测设备即将采样时，此人将采样泵和采样管放入水桶中，并注入外接自来水，干扰设备采样。调查人员立即现身，固定了造假证据，控制住准备逃跑的作案人，并按程序通知省公安厅。

处罚情况： 潍坊市环保局、潍坊市公安局按要求第一时间赶赴现场，调查人员现场向公安机关移交了相关材料。当天，潍坊市公安局对该公司厂长方某及案件实施者于某分别处以10天和7天的行政拘留，潍坊市环保局对该公司罚款10万元，追缴当月超标排污费6.3万元。

【案例十五】四川省西昌市某（集团）股份公司纸板厂篡改、伪造监测数据案

事件经过： 2019年3月，四川省环境监察执法局通过视频监控影像与自动监测数据分析对比，发现西昌市某（集团）股份公司纸板厂总排口外排废水存在异常，涉嫌以篡改、伪造监测数据的方式逃避监管偷排高浓度废水。2019年3月13日20时，执法人员对该厂进行夜间突击检查，发现该厂生产废水总排口3台自动监测设备（*COD*、氨氮、总氮）取样管插在人为放置的白色塑料瓶内，塑料瓶内为人为配置的替代样，干扰正常采样，涉嫌篡改、伪造监测数据。该厂污水处理站二沉池、三沉池上方分别有水管正在向池内注入清水，稀释外排废水中的污染物。同时，对总排口出水采样检测，*COD*浓度为677mg/L，超过国家规定排放标准6.52倍，涉嫌超标排放污染物。

处罚情况： 四川省生态环境厅根据现场检查、调查事实，认为该厂利用篡改、伪造在线监测数据逃避监管排污的行为以及超标排污的行为均涉嫌环境违法，决定分别立案调查。根据《中华人民共和国水污染防治法》（2018年版）第39条、《中华人民共和国刑法》第338条、《最高人民法院最高人民检察院关于办理环境污染刑事案件适用法律若干问题的解释》（法释〔2016〕29号）第1条第7项的规定，该厂以篡改、伪造自动监测数据的方式逃避监管排放水污染物的行为涉嫌环境犯罪。2019年3月25日，四川省环境监察执法局将该厂涉嫌环境犯罪违法行为移送四川省公安厅侦办，依法追究其刑事责任。2019年4月9日，公安机关将该厂环保技术管理人员以及自动监控设备运维公司人员共3人因涉嫌污染环境罪进行刑事拘留。2019年4月16日，四川省生态环境厅召开案审会，对于四川省某（集团）股份公司纸板厂外排废水中*COD*浓度超标的环境违法行为，依据《中华人民共和国水污染防治法》（2018年版）第83条第2项以及《四川省生态环境行政处罚裁量标准》规定，对该厂处以罚款人民币80万元。

事件启示：环境监测是环保工作的基础，数据质量是环境监测的生命线。监测数据弄虚作假影响环境决策和管理，误导社会公众，是严重的环境犯罪。按照《环境保护法》等法律法规，安装污染源自动监测设备并确保数据真实准确是重点排污单位的法定责任，通过篡改、伪造监测数据等逃避监管的方式违法排放污染物的，不仅排污单位将受到严厉的行政处罚，相关责任人也将受到公安机关的拘留处罚。

2. “逃避监管、伪造数据”法律责任

《中华人民共和国水污染防治法》（2018年版）第83条规定：违反本法规定，有下列行为之一的，由县级以上人民政府环境保护主管部门责令改正或者责令限制生产、停产整治，并处10万元以上100万元以下的罚款；情节严重的，报经有批准权的人民政府批准，责令停业、关闭：利用渗井、渗坑、裂隙、溶洞，私设暗管，篡改、伪造监测数据，或者不正常运行水污染防治设施等逃避监管的方式排放水污染物的。

3. 法条解析

新修订的《水污染防治法》（2018年版）将2008年水污染防治法第35条改为第39条：“禁止利用渗井、渗坑、裂隙、溶洞，私设暗管，篡改、伪造监测数据，或者不正常运行水污染防治设施等逃避监管的方式排放水污染物。”违反这一条规定的，应当承担法律责任。值得注意的是，本条修改是参考2014年环境保护法第42条第4款的规定：严禁通过暗管、渗井、渗坑、灌注或者篡改、伪造监测数据，或者不正常运行防治污染设施等逃避监管的方式违法排放污染物。

五　“船舶水污染”案例

1. 实例分析

【案例十六】船舶违规倾倒生活废弃物污染环境案

事件经过：2014年8月16日，青岛黄岛海事处执法人员在对靠泊在青岛港89泊位的“BHWW”轮进行现场检查时发现，该轮《垃圾记录簿》记载C类垃圾排放入海。经进一步调查发现，该轮先后累计7次在中国沿海水域共排放入海0.31立方米船舶生活废弃物，排放入海的船舶生活废弃物主要包括纸张、玻璃等，该类物质属于《MARPOL 73/78》公约附则Ⅴ中禁止排放入海的物质，船方对上述违法事实供认不讳。

处罚情况：依据《中华人民共和国水污染防治法》（2018年版）第90条规定，决定给予该轮罚款人民币8万元的行政处罚。

【案例十七】船舶违规倾倒生活废水污染环境案

事件经过：海事执法人员于2011年1月27日，在洋山三期码头发现利比里亚籍A轮涉嫌未按规定在中华人民共和国管辖海域内排放生活污水。经查，A轮2011年1月26日18: 00时至2011年1月27日11: 00时靠泊洋山三期码头期间，其生活污水通往舷外的阀门02SM、06GV、08GV、01GV一直开启，而通往生活污水处理装置的阀门07GV、09GV始终关闭，该轮船长承认在此期间该轮生活污水未经任何处理直接排放入港口水域，排放量约150L（约0.15t生活污水）。A轮在我国管辖海域内未按规定排放生活污水的行为，违反了《防治船舶污染海洋环境管理条例》第15条第1款和《MARPOL73/78》公约附则Ⅳ第11条的规定，应当承担相应责任。

处罚情况：依据《中华人民共和国海洋环境保护法》第73条第1款第（二）项及第2款，和《防治船舶污染海洋环境管理条例》第60条第（五）项的规定，给予当事人A轮处罚款人民币伍万元整的行政处罚。

事件启示：从案例的调查情况来看，A轮船长及船员的环境保护观念和意识淡薄，无视法律，工作责任心和社会责任心不强。因此，相关船公司应注重提高安全和防污染管理水平以及船员的防污染意识和素质，增强他们的社会责任感。

2. “船舶水污染”法律责任

《中华人民共和国水污染防治法》（2018年版）第90条规定：违反本法规定，有下列行为之一的，由海事管理机构、渔业主管部门按照职责分工责令停止违法行为，处1万元以上10万元以下的罚款；造成水污染的，责令限期采取治理措施，消除污染，处2万元以上20万元以下的罚款；逾期不采取治理措施的，海事管理机构、渔业主管部门按照职责分工可以指定有治理能力的单位代为治理，所需费用由船舶承担：（一）向水体倾倒船舶垃圾或者排放船舶的残油、废油的；（二）未经作业地海事管理机构批准，船舶进行散装液体污染危害性货物的过驳作业的；（三）船舶及有关作业单位从事有污染风险的作业活动，未按照规定采取污染防治措施的；（四）以冲滩方式进行船舶拆解的；（五）进入中华人民共和国内河的国际航线船舶，排放不符合规定的船舶压载水的。

3. 法条解析

新修订的《水污染防治法》（2018年版）第59条规定：船舶的残油、废油应当回收，禁止排入水体。禁止向水体倾倒船舶垃圾。违反这一规定，依照本条追究法律责任具体包括两种情况：一是向水体倾倒船舶垃圾。船舶垃圾，是指船舶在日常活动中产生的生活废弃物、垫舱和扫舱物料，以及船上其他固体废物等。二是向水体排放船舶的残油、废油。残油、废油是指船舶使用后剩余的油液。

第62条规定，船舶进行散装液体染污危害性货物的过驳作业，应当编制作业方案，采取有效的安全和污染防治措施，并报作业地海事管理机构批准。违反这一规定，依照本条追究法律责任。

六 水污染责任民事公益诉讼类

【案例十八】韩某与Y集团吉林某分公司水污染责任纠纷案

事件经过：韩某与宝石村委会于1997年签订《承包草沟子合同书》后，取得案涉鱼塘的承包经营权，从事渔业养殖。2010年9月9日，Y集团吉林某分公司（以下简称吉林某分公司）位于韩某鱼塘约1公里外的大-119号油井发生泄漏，泄漏的部分原油随洪水下泄流进韩某的鱼塘。吉林某分公司于9月14～19日在污染现场进行了清理油污作业。大安市渔政渔港监督管理站委托环境监测站作出的水质监测报告表明，涉案鱼塘中石油含量严重超标，水质环境不适合渔业养殖。韩某请求法院判令吉林某分公司赔偿人民币3015040.36元经济损失，包括2010年养鱼损失、2011年未养鱼损失、鱼塘围坝修复及注水排污费用。

处罚情况：最高人民法院审理认为，本案系因原油泄漏使鱼塘遭受污染引发的环境污染侵权责任纠纷。韩某举证证明了吉林某分公司存在污染行为，鱼塘因污染而遭受损害的事实及原油污染与损害之间具有关联性，完成了举证责任；吉林某分公司未能证明其排污行为与韩某所受损害之间不存在因果关系，应承担相应的损害赔偿责任。排放污染物行为，不限于积极的投放或导入污染物质的行为，还包括伴随企业生产活动的消极污染行为。吉林某分公司是案涉废弃油井的所有者，无论是否因其过错导致废弃油井原油泄漏流入韩某的鱼塘，其均应对污染行为造成的损失承担侵权损害赔偿责任。洪水系本案污染事件发生的重要媒介以及造成韩某2010年养鱼损失的重要原因，可以作为吉林某分公司减轻责任的考虑因素。综合本案情况，判吉林某分公司赔偿韩某经济损失人民币1678391.25元。

事件启示：本案系因原油泄漏致使农村鱼塘遭受污染引发的环境污染侵权责任纠纷。本案重申了此类案件双方当事人的举证责任，明确了“排放污染物行为”，不限于积极的投放或导入污染物质的行为，还包括伴随企业生产活动的消极污染行为，并对多种因素造成侵权结果的规则进行了探索。本案的正确审理，体现了环境司法协调平衡、保障民生与发展经济之间的关系，既保护了被侵权人的合法权益，体现了对农业水产健康养殖的司法保障，同时也对督促石油企业履行更高的注意义务具有一定的指引作用。

【案例十九】中华环保联合会诉江阴市长泾LP生猪专业合作社、江阴市长泾DL生猪养殖场环境民事公益诉讼案

事件经过：20世纪末成立的江阳市长泾DL生猪养殖场系生猪规模化养殖项目，与周边村庄居民距离较近，项目建设在未依法进行环境影响评价，未经环保部门审批同意，应配套的畜禽养殖场污染防治设施未经验收的情况下，项目擅自投入生产。2015年9月，环境公益组织中华环保联合会接到群众举报后，经实地调查，发现该养殖场的污水治理设施形同虚设，粪便、沼液未依法利用和处理，随意排放到周边沟渠、河道，造成邻近区域严重污染。经环保部门监测，该养殖场排放的污染物中COD、氨氮、总磷、总氮等浓度均已超过《畜禽养殖业污染物排放标准（GB 18596—2001）》，两级环保部门多次要求该养殖场改正环境违法行为、整治环境污染，并作出相应的行政处罚，但该养殖场未履行到位。故中华环保联合会以其为被告提起环境民事公益诉讼，要求该养殖场立即停止侵害、恢复被污染地区生态。2015年10月27日，法院对被告进行现场勘验，委托无锡市环境保护局分别在其三个生态净化塘、最近较大河流水域采集水样进行检测鉴定；同时，裁定被告立即停止排放废水、污染环境行为。11月2日，无锡市环境保护局向法院提交了《检测报告》，显示周边水体受到严重污染。

处罚情况： 无锡市中级人民法院经审理认为：防治畜禽养殖污染，推进畜禽养殖废弃物的综合利用和无害化处理，保护和改善环境，是畜禽规模养殖发展的应有之义。《中华人民共和国畜牧法》第46条规定，畜禽养殖场、养殖小区应当保证畜禽粪便、废水及其他固体废弃物综合利用或者无害化处理设施的正常运转，保证污染物达标排放，防止污染环境。《中华人民共和国水污染防治法》第49条规定，国家支持畜禽养殖场、养殖小区建设畜禽粪便、废水的综合利用或者无害化处理设施。畜禽养殖场、养殖小区应当保证其畜禽粪便、废水的综合利用或者无害化处理设施正常运转，保证污水达标排放，防止污染水环境。《中华人民共和国环境保护法》第49条规定，从事畜禽养殖和屠宰的单位和个人应当采取措施，对畜禽粪便、尸体和污水等废弃物进行科学处置，防止污染环境。该院于2016年6月2日作出（2015）锡环公民初字第1号判决，判令被告必须严格按照修复方案的要求恢复生态环境，禁止对周边环境造成新的污染；在判决生效后一个月内向法院报告环境修复落实情况；若未能达标，法院有权交由第三方治理，产生的费用由被告承担。

事件启示： 近年来，随着生态文明建设的进一步深入，农村畜禽养殖类污染防治也开始进入司法视野，推进畜禽养殖废弃物的综合利用和无害化处理成为司法关注的重点。传统农业生产的操作模式容易导致常人忽视其污染的严重性，简单化处理畜禽类环境污染，不利于环境保护目标的真正实现。随着近年来规模化养殖的逐步扩大，畜禽规模化养殖污染触目惊心。畜禽养殖形成的污染物总量已经超过工业固体废弃物的总量。

本案被告未按照环保要求规范运营，治污设施闲置，污水横流，造成了严重的环境污染。案件在审理过程中，法院主动审查环境修复方式的实际效果，并委托第三方重新编制修复方案、监理方案，确保环境修复目标的根本实现。该案严格养殖场的环境准入，推进畜禽粪污的综合利用和无害化处理，重申了环境保护的严肃性和专业性，为类似案件的审理提供了经验。

【案例二十】徐州市人民检察院诉徐州市HS造纸有限公司环境侵权公益诉讼案

事件经过： 2013年至2015年，被告徐州市HS造纸有限公司（以下简称HS造纸公司）连续三年被查获以私设暗管方式向苏北堤河偷排浓度严重超出排放标准的生产废水2600吨。徐州市铜山区环境监测站对该公司外排废水监测数据显示：化学需氧量、氨氮、总磷等污染物指标分别超过《纸浆造纸工业水污染物排放标准》（GB 3544—2008）12.1倍、2.5倍、1倍。徐州市铜山区环保局曾经于2014年、2015年两次对HS造纸公司罚款合计人民币15万元。2015年12月28日，徐州市人民检察院经最高人民检察院批准，向徐州市中级人民法院提起环境民事公益诉讼，请求法院判令鸿顺公司将遭受污染的环境恢复原状或赔偿生态环境修复费用，其中修复费用以环境污染损害咨询意见所确定的人民币26.91万元为基准的3～5倍确定。

处罚情况：徐州市中级人民法院于2016年4月21日作出（2015）徐环公民初字第6号民事判决：HS造纸公司赔偿生态环境修复费用及服务功能损失共计105.82万元。宣判后，被告HS造纸公司提出上诉。江苏省高级人民法院二审审理认为，HS造纸公司排放废水污染环境，应当依照《中华人民共和国侵权责任法》第65条之规定承担侵权赔偿责任。该公司多次以私设暗管的方式偷排，非法排放行为隐蔽，在环保机关查处后依然违法排放，过错程度严重。该公司连续三年被发现私设暗管排放废水，查获的废水排放量逐年增多，有理由相信该公司实际排放废水量远高于被查获的排放量。徐州市人民检察院要求以2600吨废水的生态环境修复费用为基准，判决HS造纸公司在该基准的3～5倍承担赔偿责任，系主张HS造纸公司实际偷排废水被查获量的3～5倍。HS造纸公司有能力对该公司废水实际排放量进行举证却未提交相关证据予以证明，应当认定徐州市人民检察院所提主张成立。一审法院认定HS造纸公司应当以实际查获偷排量2600吨的四倍计算侵权赔偿费用并无不当。据此，江苏省高级人民法院于2016年12月23日作出（2016）苏民终1357号判决：驳回上诉，维持原判。

事件启示：本案是全国人大常委会授权检察机关提起公益诉讼以来全国法院首批受理、最先开庭审理并作出判决的环境民事公益诉讼案件，为全国法院审理检察机关提起的公益诉讼案件提供了可借鉴经验。本案的审理有以下几方面启示：

一是环境资源审判专业性特点，法庭邀请专家辅助人就环境保护专业技术问题提出专家咨询意见，较好地解决了环境资源案件科学性和公正性衔接问题；

二是科学分配举证责任，确定在公益诉讼人提供证明被告排污量的初步证据后，由偷排污染物的污染者对排放量承担举证责任的证明规则，为解决环境侵权案件中原告取证难问题提供了行之有效的路径；

三是初步探索了根据被告主观恶性程度裁量具有一定惩罚因素的修复费用计算方法，对于从源头上遏制企业违法排污行为具有重要意义。

第二节 法律知识延展

一 新修订《水污染防治法》(2018年版)主要特点

1. 建立河长制

新水污染防治法将地方实践数年的河长制写进第一章总则第五条：省、市、县、乡建立河长制，分级分段组织领导本行政区域内江河、湖泊的水资源保护、水域岸线管理、水污染防治、水环境治理等工作。河长制是河湖管理工作的一项制度创新，河长制被写入法律有利于强化党政领导对水污染防治和水环境治理的责任。从实践效果来看，河长制在各地施行的成果显着，党政领导的个人责任也将被纳入考核中。

2. 实施排污许可制度

新《水污染防治法》还修改了国家实行排污许可制度的相关规定，排污许可证制度旨在约束企业无偿排污行为，这是进一步规范我国工业污水排放标准的举措，也是根据水污染治理工作进度作出的政策调整，完善法律体系。

3. 加大处罚力度

例如，根据新《水污染防治法》第83条，不正常运行水污染防治设施等逃避监管的方式排放水污染物的、超标超总量排放水污染物的，责令改正或者责令限制生产、停产整治；并处10万元以上100万元以下的罚款；情节严重的，报经有批准权的人民政府批准，责令停业、关闭，与旧法“责令限期改正，处应缴纳排污费数额一倍以上3倍以下的罚款”“责令限期治理，处应缴纳排污费数额2倍以上5倍以下的罚款”的条款相比，处罚力度大大加强。

4. 逐步向水环境综合治理靠拢

从河长制的确立到建立联防联控机制，我国环境治理的大方向正朝着综合防治转变。新《水污染防治法》第28条添加了构建流域水环境保护联合协调机制要求，实行四个“统一”措施，即统一规划、统一标准、统一监测、统一防治。另外，新《水污染防治法》第29条还增添了相关部门展开流域环境资源承载能力监测、评价要求，旨在维护流域生态环境功能。

二《最高人民法院、最高人民检察院关于办理环境污染刑事案件适用法律若干问题的解释》相关内容

2016年11月7日最高人民法院、最高人民检察院联合印发了《关于办理环境污染刑事案件适用法律若干问题的解释》(法释［2016］29号，以下简称《解释》)。《解释》结合当前环境污染犯罪的特点和司法实践反映的问题，依照刑法、刑事诉讼法相关规定，用18个条文对相关犯罪定罪量刑标准的具体把握等问题作了全面、系统的规定。主要包括以下10个方面的内容。

1. 明确了污染环境罪定罪量刑的具体标准

污染环境罪是环境污染犯罪的基本罪名，入罪要件为“严重污染环境”。《2013年解释》规定了认定“严重污染环境”的14项具体情形。《解释》第1条予以吸收，并根据司法实践情况作出完善：

一是细化重金属污染环境的入罪标准。鉴于各类重金属在毒害性程度方面存在明显差异，经从环境学和环境医学角度综合考量，《解释》明确，“排放、倾倒、处置含铅、汞、镉、铬、砷、铊、锑的污染物，超过国家或者地方污染物排放标准三倍以上”，或者“排放、倾倒、处置含镍、铜、锌、银、钒、锰、钴的污染物，超过国家或者地方污染物排放标准10倍以上的”，应当认定为“严重污染环境”。

二是突出对自动监测数据造假行为的惩治。《解释》规定，重点排污单位篡改、伪造自动监测数据或者干扰自动监测设施，排放化学需氧量、氨氮、二氧化硫、氮氧化物等污染物的，应当认定为“严重污染环境”。这一新增规定，对于有效防范和依法惩治大气污染犯罪这一社会各界高度关注的顽疾具有重要意义。

三是将“违法减少防治污染设施运行支出100万元以上”“违法所得30万元以上”增加规定为“严重污染环境”的情形。实施环境污染犯罪的单位和个人多是为了谋取不法利益，增设以上两项规定，让行为人得不偿失，可以更有针对性地惩治和预防犯罪。

四是将生态环境损害因素纳入考量范围。中共中央、国务院《生态文明体制改革总体方案》提出：“严格实行生态环境损害赔偿制度。强化生产者环境保护法律责任，大幅度提高违法成本。”“对造成生态环境损害的，以损害程度等因素依法确定赔偿额度；对造成严重后果的，依法追究刑事责任。”根据这一要求，《解释》明确将“造成生态环境严重损害”规定为“严重污染环境”的情形之一。在此基础上，

《解释》第3条还对污染环境罪的结果加重情节“后果特别严重”的认定标准作了相应地完善。增加规定：非法排放、倾倒、处置危险废物100吨以上，或者造成生态环境特别严重损害的，应当认定为“后果特别严重”，处3年以上7年以下有期徒刑，并处罚金。

2. 明确了非法处置进口的固体废物罪、擅自进口固体废物罪、环境监管失职罪定罪量刑的具体标准

除污染环境罪外，环境污染犯罪还涉及非法处置进口的固体废物罪、擅自进口固体废物罪、环境监管失职罪等罪名。为统一法律适用，《解释》第2条、第3条对上述罪名所涉及的“致使公私财产遭受重大损失或者严重危害人体健康”“致使公私财产遭受重大损失或者造成人身伤亡的严重后果”“后果特别严重”等定罪量刑标准作了明确。与《2013年解释》相比，相关标准更加明确具体，操作性更强，体现了从严惩治环境污染犯罪的精神。

3. 明确了宽严相济刑事政策的具体适用

《解释》第4条规定，实施环境污染犯罪，具有下列情形之一的，应当从重处罚：

（1）阻挠环境监督检查或者突发环境事件调查，尚不构成妨害公务等犯罪的；

（2）在医院、学校、居民区等人口集中地区及其附近，违反国家规定排放、倾倒、处置有放射性的废物、含传染病病原体的废物、有毒物质或者其他有害物质的；

（3）在重污染天气预警期间、突发环境事件处置期间或者被责令限期整改期间，违反国家规定排放、倾倒、处置有放射性的废物、含传染病病原体的废物、有毒物质或者其他有害物质的；

（4）具有危险废物经营许可证的企业违反国家规定排放、倾倒、处置有放射性的废物、含传染病病原体的废物、有毒物质或者其他有害物质的。

为充分发挥刑法的威慑和教育功能，促使行为人在污染环境后及时采取措施减少和弥补损害，《解释》第5条规定，实施环境污染犯罪行为，及时采取措施，防止损失扩大、消除污染，全部赔偿损失，积极修复生态环境的，可以适当从宽处理。

4. 明确了环境污染共同犯罪的处理规则

在实践中，一些单位和个人非法排放、倾倒、处置危险废物，以降低生产成本、牟取不法利益。而且，行为人分工明确、相互配合，呈现出明显的产业化迹象，甚至形成“一条龙”的作业模式。对于此类犯罪，不仅要依法惩治直接污染环境的行为人，更要打源头、追幕后，依法追究危险废物提供者的刑事责任。为此，《解释》第7条重申了对环境污染犯罪的共同犯罪处理规则，规定：明知他人无危险废物经营许可证，向其提供或者委托其收集、贮存、利用、处置危险废物，严重污染环境的，以共同犯罪论处。

5. 明确了环境污染犯罪竞合的处理原则

环境污染犯罪行为可能同时触犯多个罪名，如无经营许可证从事收集、贮存、利用、处置危险废物经营活动，严重污染环境的，可能同时触犯污染环境罪与非法经营罪；违规排放、倾倒、处置含有毒害性、放射性、传染病病原体等物质的污染物，可能同时触犯污染环境罪与投放危险物质罪。为进一步加大对环境污染相关犯罪的惩治力度，《解释》第6条、第8条明确规定了“从一重罪处断原则”，即同时构成污染环境罪和非法经营罪、投放危险物质罪等相关犯罪的，依照处罚较重的规定定罪处罚。

6. 明确了环境影响评价造假的刑事责任追究问题

环境影响评价对于预防因规划和建设项目实施后对环境造成不良影响，促进经济、社会和环境的协调发展，具有关键作用。但是，实践中环评造假或者严重失实的现象时有发生。为从源头上有效预防环境污染犯罪，《解释》第9条规定，环境影响评价机构或其人员，故意提供虚假环境影响评价文件，情节严重的，或者严重不负责任，出具的环境影响评价文件存在重大失实，造成严重后果的，以提供虚假证明文件罪或者出具证明文件重大失实罪定罪处罚。

7. 明确了破坏环境质量监测系统的定性及有关问题

环境监测数据是环境决策的重要基础。个别地方破坏环境质量监测系统，影响监测系统正常运行，欺骗公众，影响政府公信力，甚至误导环境决策，危害严重。鉴此，《解释》第10条规定，违反国家规定，针对环境质量监测系统实施下列行为，或者强令、指使、授意他人实施下列行为的，以破坏计算机信息系统罪论处：①修改参数或者监测数据的；②干扰采样，致使监测数据严重失真的；③其他破坏环境质量监测系统的行为。从事环境监测设施维护、运营的人员实施或者参与实施篡改、伪造自动监测数据、干扰自动监测设施、破坏环境质量监测系统等行为的，应当从重处罚。

8. 明确了单位实施环境污染相关犯罪的定罪量刑标准

单位实施环境污染相关犯罪，往往具有更大的社会危害性，应当从严惩治。《解释》第11条明确规定，对于单位实施环境污染相关犯罪的，适用与个人犯罪相同的定罪量刑标准。

9. 明确了“有毒物质”的范围和认定问题

《解释》第15条明确将危险废物、持久性有机污染物、含重金属的污染物，以及其他具有毒性，可能污染环境的物质都纳入“有毒物质”的范畴。为便于司法实践准确认定危险废物及其数量,《解释》第13条规定，对国家危险废物名录所列的废物，可以依据涉案物质的来源、产生过程、被告人供述、证人证言以及经批准或者备案的环境影响评价文件等证据，结合环境保护主管部门、公安机关等出具的书面意见作出认定；对于危险废物的数量，可以综合被告人供述，涉案企业的生产工艺、物耗、能耗的情况，以及经批准或者备案的环境影响评价文件等证据作出认定。

10. 明确了监测数据的证据资格

为加强环境保护行政执法与刑事司法之间的有效衔接，统一相关部门认识，根据刑事诉讼法的相关规定,《解释》第12条明确，环境保护主管部门及其所属监测机构在行政执法过程中收集的监测数据，在刑事诉讼中可以作为证据使用。公安机关单独或者会同环境保护主管部门，提取污染物样品进行检测获取的数据，也可以在刑事诉讼中作为证据使用。

三 《最高人民法院关于审理环境民事公益诉讼案件适用法律若干问题的解释》相关内容

2015年1月6日最高人民法院印发了《关于审理环境民事公益诉讼案件适用法律若干问题的解释》(法释［2015］1号，以下简称《解释》)。《解释》旨在统一审理环境侵权责任纠纷案件的裁判标准，解决司法实践中环境污染责任归责原则、责任构成以及数人侵权责任划分等法律适用不统一等疑难问题，指导全国法院正确审理环境侵权责任纠纷案件，切实保护受害人的民事权益，用严格的司法程序保护好我国生态环境和美丽家园。《解释》共十九条，主要从8个方面对环境侵权责任纠纷案件的法律适用问题进行了解释。

一是明确《解释》的适用范围，既包括环境私益诉讼案件，也适用于环境公益诉讼案件；既适用于污染环境案件，也适用于破坏生态案件。

二是明确了环境侵权责任纠纷案件的归责原则和减免事由。

三是明确了数人分别或者共同排污时，污染者对内对外的责任承担方式。

四是明确了因第三人的过错污染环境造成损害的，第三人和污染者的诉讼地位和责任承担。

五是明确了被侵权人和污染者之间的举证证明责任分配原则。

六是明确了环境污染案件中有关鉴定意见、检验检测或者监测报告以及专家辅助人的意见等有关证据的适用。

七是明确了环境污染案件中有关行为保全和证据保全措施的适用条件和程序。

八是明确了环境侵权责任纠纷案件中侵权人承担责任的方式。

为进一步做好《解释》的贯彻落实，2014年最高人民法院还与原国家民政部、原国家环境保护部联合制发了《关于贯彻实施环境民事公益诉讼制度的通知》(法[2014]352号，以下简称《通知》)。《通知》强调，人民法院受理和审理社会组织提起的环境民事公益诉讼，可以根据案件需要向民政部门查询或核实社会组织的基本信息，发现社会组织存在通过诉讼牟取经济利益情形的，还应向民政部门发送司法建议，民政部门应及时反馈或通报处理结果。人民法院应向环境保护主管部门告知案件受理情况以及调解协议、和解协议的内容，相关部门应及时向人民法院通报处理结果或提出意见、建议。人民法院向环境保护主管部门调取环境影响评价文件等证据材料的，相关部门应及时提交。人民法院还可以商请环境保护主管部门共同组织修复生态环境或对修复结果进行审查，等等。

四 《水污染防治行动计划》相关内容

2015年4月2日国务院印发了《关于印发水污染防治行动计划的通知》(国发[2015]17号)，行动计划238项具体治理措施中，除了136项改进强化措施、12项研究探索性措施外，重点提出了90项改革创新措施。在自然资源用途管制、水节约集约使用、生态保护红线、资源环境承载能力监测预警机制、资源有偿使用、生态补偿、环保市场、社会资本投入、环境信息公开、社会监督等方面体现了改革创新的新要求。

行动计划提出，到2020年，全国水环境质量得到阶段性改善，污染严重水体较大幅度减少，饮用水安全保障水平持续提升，地下水超采得到严格控制，地下水污染加剧趋势得到初步遏制，近岸海域环境质量稳中趋好，京津冀、长三角、珠三角等区域水生态环境状况有所好转。

到2030年，力争全国水环境质量总体改善，水生态系统功能初步恢复。

到21世纪中叶，生态环境质量全面改善，生态系统实现良性循环。主要指标是：

（1）到2020年，长江、黄河、珠江、松花江、淮河、海河、辽河等七大重点流域水质优良（达到或优于Ⅲ类）比例总体达到70%以上，地级及以上城市建成区黑臭水体均控制在10%以内，地级及以上城市集中式饮用水水源水质达到或优于Ⅲ类比例总体高于93%，全国地下水质量极差的比例控制在15%左右，近岸海域水质优良（Ⅰ、Ⅱ类）比例达到70%左右。

（2）京津冀区域丧失使用功能（劣于Ⅴ类）的水体断面比例下降15个百分点左右，长三角、珠三角区域力争消除丧失使用功能的水体。

（3）到2030年，全国七大重点流域水质优良比例总体达到75%以上，城市建成区黑臭水体总体得到消除，城市集中式饮用水水源水质达到或优于Ⅲ类比例总体为95%左右。

五 《排污许可管理办法（试行）》相关内容

《排污许可管理办法（试行）》（以下简称《管理办法》）分7章共68条，主要内容概括为以下几点。

1.《管理办法》规定了排污许可证核发程序

《管理办法》依据国办印发的《实施方案》，依法规定排污许可证申请、审核、发放的一个完整周期内，企业需要提供的材料、应当公开的信息，环保部门受理的程序、审核的要求、发证的规定以及污染防治可行技术在申请与核发中的应用。明确了排污许可证的变更、延续、撤销、注销、遗失补办等各情形的相关程序、所需资料等内容。同时规定了分类管理的要求和分级许可的思路，明确排污许可证的有效期。

2.《管理办法》明确了排污许可证的内容

《管理办法》规定排污许可证由正本和副本两部分组成，主要内容包括承诺书、基本信息、登记信息和许可事项。其中前三项由企业自行填写；最后一项由环保部门依据企业申请材料按照统一的技术规范依法确定。《管理办法》规定核发环保部门应当以排放口为单元，根据污染物排放标准确定许可排放浓度；按照行业重点污染物许可排放量核算方法和环境质量改善的要求计算许可排放量，并明确许可排放量与总量控制指标和环评批复的排放总量要求之间的衔接关系。

3.《管理办法》强调落实排污单位按证排污责任

《管理办法》规定，排污许可是环保部门依据排污单位的申请和承诺，通过发放排污许可证来规范和限制排污行为，并依证监管的环境管理制度。排污单位承诺并对申请材料真实性、完整性、合法性负责是排污单位取得排污许可证的重要前提。排污单位必须持证才能排污，无证不得排污。持证排污单位必须在排污许可证规定的许可排放浓度和许可排放量的范围内排放污染物，并应开展自行监测、建立台账记录、编写执行报告，确保严格落实排污许可证相关要求。《管理办法》同时对无证排污、违法排污、材料弄虚作假、监测违法、未依法公开环境信息等5种情形设定了处罚条款。

4.《管理办法》强调加大信息公开力度

《管理办法》规定企业应在申请前就基本信息、拟申请的许可事项进行公开，在执行排污许可证过程中应公开自行监测数据和执行报告内容；核发环保部门在核发排污许可证后应公开排污许可证正本以及副本中的基本事项、承诺书和许可事项。监管执法部门应在全国排污许可证管理信息平台上公开监管执法信息、无证和违法排污的排污单位名单。

5.《管理办法》提出排污许可技术支撑体系

《管理办法》明确生态环境部负责制定排污许可证申请与核发技术规范、环境管理台账及排污许可证执行报告技术规范、排污单位自行监测技术指南、污染防治可行技术指南等相关技术规范。同时明确环境保护主管部门可通过政府购买服务的方式，组织或者委托技术机构提供排污许可管理的技术支持。

六 《排污许可证申请与核发技术规范 储油库、加油站》（HJ 1118—2020）相关内容

2020年3月4日国家生态环境部印发了《排污许可证申请与核发技术规范 储油库、加油站》（HJ 1118—2020，以下简称《标准》），《标准》适用于储油库（包括码头配套的储油库区）、加油站排污单位排放水污染物、大气污染物的排污许可管理。依据目前现行有效的《固定污染源排污许可分类管理名录（2019年版）》，排污许可分类管理情况如下：

储油库排污单位。总容量10万立方米及以上的油库（含油品码头后方配套油

库，不含储备油库）为重点管理，总容量1万立方米及以上10万立方米及以下的油库（含油品码头后方配套油库，不含储备油库）为简化管理，其他油库为登记管理。

（2）加油站排污单位。位于城市建成区的加油站为简化管理，其他加油站为登记管理。

《标准》规定排污单位有组织废气和废水排放口分为主要排放口和一般排放口，对于主要排放口设置许可排放浓度（速率）和许可排放量“双管控”要求，对于一般排放口仅设置许可排放浓度（速率）要求。许可排放浓度根据国家或地方污染物排放标准确定。许可排放量依据本标准规定的许可排放量核算方法和依法分解落实到排污单位的重点污染物排放总量控制指标，从严确定。2015年1月1日（含）以后取得环境影响评价审批意见的排污单位，许可排放量还应同时满足环境影响评价文件及审批意见确定的要求，即“三者取严”。

思考题

1．2018年3月13日，武进环境执法局对常州市某金属制品有限公司进行现场检查，发现这家单位在硫酸铜搬运过程中有洒漏的情况发生。洒漏的硫酸铜随着塑料盘清洗过程中的废水进入雨水管道，造成雨水排放口积存水的pH值为11.07，超出了GB 8978—1996《污水综合排放标准》表4规定的pH值为6～9的一级标准。同时，还发现废水处理设施回用池内设有两台回用水泵，回用水泵设有3个支路，其中1个支路通向废水处理设施南侧的厕所作为冲厕水使用。而厕所化粪池东侧沟渠内的西侧底部有一渗出口有水渗出，沟渠最终通向前黄浜。经对渗出口出水进行采样检测，其污染物pH值为9.88，仍超出了GB 8978—1996《污水综合排放标准》表4规定的pH值为6～9的一级标准。请问涉案企业应采取哪些措施纠正违法行为？企业生产用水排放应执行什么标准？

2．2016年6月22日，诸暨市环保局联合诸暨市检察院和诸暨市公安局对诸暨市某电气成套厂进行突击检查，发现该厂未经环保部门审批擅自从事金属配件表面除油磷化加工，部分生产废水通过暗管排放至厂外农田，还有部分生产废水经沉淀后排放至厂区内无防护措施的渗坑。外排废水经采样检测重金属总锌超标3倍以上。请问应参照哪个条款对涉案企业进行行政处罚？此案能够对企业负责人进行依法逮捕吗？

第四章

《土壤污染防治法》相关案例

扫码即获更多阅读体验

《土壤污染防治法》是为了保护和改善生态环境，防治土壤污染，保障公众健康，推动土壤资源永续利用，推进生态文明建设，促进经济社会可持续发展而制定。但在实际执行过程中，出现了诸多违法违规的案例，本章重点介绍分析了危险废物对土壤的污染以及土壤污染公益诉讼案件。

要点导图

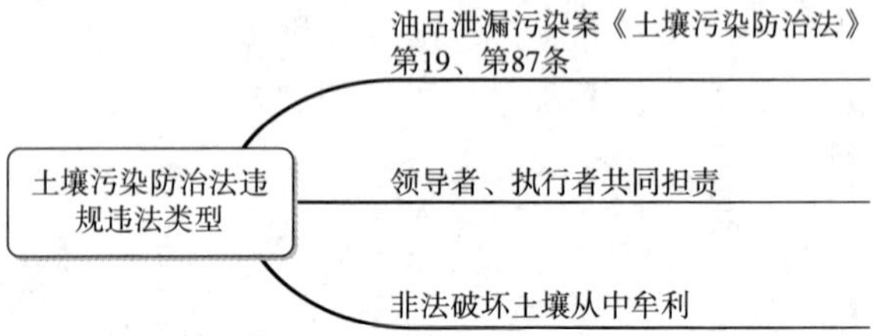
土壤污染防治法违规违法类型
油品泄漏污染案《土壤污染防治法》第19、第87条
领导者、执行者共同担责
非法破坏土壤从中牟利

第一节 《土壤污染防治法》基本信息及相关案例

《土壤污染防治法》（2018年版）共七章九十九条，在以预防为主、保护优先、风险管控、分类管理、污染担责、公众参与原则的基础上，明确了土壤污染防治规划、土壤污染风险管控标准、土壤污染状况普查和监测、土壤污染预防、保护、风险管控和修复等方面的基本制度和规则。土壤污染防治法出台后，被认为是“最强”污染防治法。之所以被认为是“最强”，一方面体现在对土壤污染的风险管控和修复上，另一方面是对污染责任人追责的部分。

以案释法

一 油品泄漏致土壤污染案例

1. 实例分析

【案例一】Z集团北京X单位漏油土壤污染案

事件经过：2014年8月20日，Z集团北京X单位热力厂一热力车间油泵入口滤网污油阀门发生内漏。部分裂解渣油经污油管线进入隔油池，隔油池存满后溢出，经雨水管线和该公司西区厂内河道排至周口店河河道内（周口店河西庄桥附近），裂解渣油附着在沿途河道的水草上。2014年8月21日，部分含油污水经周口店河道及周口店西庄村水渠进入了旁近居民张某家院内及菜地。事故发生后，该单位对周口店河河面的油污进行了清理，并到张某家清理了被污染的物品。房山区环保局依据《北京市水污染防治条例》的相关规定，责令该单位改正违法行为，并对该单位进行了罚款10万元的行政处罚。

2014年9月30日，张某的家属代表与该单位在房山区环保局的主持下，就含油污水进入张某家院内及菜地产生的赔偿问题进行了调解，双方未达成一致意见。

2016年，张某就本次污染的赔偿问题提起诉讼，要求Z集团北京X单位赔偿数目、农作物、土壤污染的损失，更换污染的土壤并赔偿房屋租金损失。房山区人民法院委托中国环境监测总站对涉案土壤进行鉴定，鉴定内容为：一是涉案土地目前是否存在污染危害；二是如果存在污染危害，危害的土壤范围（四至、厚度）是什么。中国环境监测总站回函称，依据2016年4月22日派员现场勘查的情况，结合已有材料及现场状况，难以确认事发时的污染物浓度、污染范围及环境损害程度等要素，在因果关系判定、环境损害实物量化及价值量化过程中缺乏必要的证据支持，难以做出科学合理的环境损害鉴定评估结论。2017年，张某再次向房山区人民法院提起诉讼。

处罚情况：房山区人民法院判决被告Z集团北京X单位于本判决生效之日起10日内向原告张某给付赔偿款2万元。驳回原告张文祥的其他诉讼请求。

事件启示：本案判于2017年3月20日判决，在《中华人民共和国土壤污染防治法》正式实施前，因此房山区环保局按照《水污染防治法》对北京X单位进行了10万元的处罚。按照《土壤污染防治法》（2018年版）来看，企业违反了《中华人民共和国土壤污染防治法》第19条："生产、使用、储存、运输、回收、处置、排放有毒有害物质的单位和个人，应当采取有效措施，防止有毒有害物质渗漏、流失、扬散，避免土壤受到污染"，可根据《中华人民共和国土壤污染防治法》第87条："违反本法规定，向农用地排放重金属或者其他有毒有害物质含量超标的污水、污泥，以及可能造成土壤污染的清淤底泥、尾矿、矿渣等的，由地方人民政府生态环境主管部门责令改正，处10万元以上50万元以下的罚款；情节严重的，处50万元以上200万元以下的罚款，并可以将案件移送公安机关，对直接负责的主管人员和其他直接责任人员处5日以上15日以下的拘留；有违法所得的，没收违法所得"进行处罚。

【案例二】Y集团长庆Z分公司采油厂发生原油泄漏环境污染案

事件经过：2016年3月26日6时许，延安吴起县境内的Y集团长庆Z分公司采油九厂五谷城作业区一处输油管线发生自然腐蚀破裂，约10立方米的油水混合物外流了600米左右。事件发生的第二天，3月27日同样是6时许，位于安塞境内的长庆某分公司采油四厂化子坪作业区出现了同样原因的原油泄漏事件，2.5立方米的外泄油水混合物流出百米长，这两起发生在不同地方的原油泄漏问题，都对周围荒坡、沟渠或林地造成了污染，但没有进入水体。

处罚情况：当地环保部门根据相关规定，分别向长庆Z分公司采油九厂下达20万元罚款，向长庆Z分公司采油四厂下达12万元罚款。按照损害评估结果，这两家企业分别向污染事件造成的损失，赔偿当地村委会4.8万元和2197元，企业随后用土壤修复剂对被污染土壤进行生态恢复处理。同时环保部门要求长庆某分公司采油九厂对事故发生作业区的输油管线停止作业并进行更换；长庆Z分公司采油四厂对所有输油管线加强安全隐患排查及内部管理。此外，两家企业的岗位操作人员、基层队（站）管理人员、基层单位业务管理人员共7人分别被给予2000元到4000元不等的罚款；对4名基层单位领导分别给予3000元到4000元不等的罚款及相关行政处罚，其中一名作业区副经理、作业区党总支书记、作业区经理共3人，因对事件负有主要领导责任，被给予免职处理。

2. "油品泄漏致土壤污染"法律责任

《中华人民共和国土壤污染防治法》（2018年版）第80条规定：违反本法规定，向农用地排放重金属或者其他有毒有害物质含量超标的污水、污泥，以及可能造成土壤污染的清淤底泥、尾矿、矿渣等的，由地方人民政府生态环境主管部门责令改正，处10万元以上50万元以下的罚款；情节严重的，处50万元以上200万元以下的罚款，并可以将案件移送公安机关，对直接负责的主管人员和其他直接责任人员处5日以上15日以下的拘留；有违法所得的，没收违法所得。

3. 法条解析

上述案例在土壤污染防治法正式施行前发生并进行了判决，属于有毒有害物质直接排入土壤环境中造成土壤事实污染的情况，可参照《中华人民共和国土壤污染防治法》第80条规定，判处10万元至200万元的罚款，情况严重中还可对相关责任人进行行政拘留。

二 领导者、执行者共同担责案例

1. 实例分析

【案例三】雇主、雇员对污染环境共同承担责任

事件经过：2012年6月，被告肖某在西安市未央区下水腰村租赁场地，私开电镀厂，在未采取环保措施的情况下，即进行电镀加工，并将电镀作业产生的大量废水未经处理直接排入其在该厂东南角私挖的渗坑。2014年农历正月，周某受雇到该厂工作，时常在肖某的指派下将镀锌的废水排放到渗坑。2015年7月16日，西安市环境保护局、西安市公安局处置突发事件支队浐灞大队进行执法检查时，发现肖某、周某的违法排污行为，经西安市环境监测站检测，该渗坑内废水总锌含量、总铬含量均严重超出了国家电镀污染物排放标准。经委托有关专家对涉案土壤环境污染修复进行技术评估，估算出土壤污染体积在4424.04～5308.84立方米，污染修复总费用在人民币3659200～4427100元之间。

2016年5月23日，西安市灞桥区人民法院判决肖某犯污染环境罪，判处有期徒刑一年零三个月，并处罚金人民币40000元，判决周某犯污染环境罪，判处有期徒刑一年，并处罚金人民币20000元。2017年6月5日，西安市人民检察院向西安铁路运输中级法院提起民事公益诉讼。

处罚情况：西安铁路运输中级法院认为，被告肖某在不具备电镀加工资质的情况下，私开电镀厂，将电镀作业产生的废水未经任何处理直接排放到其私挖的渗坑中，造成涉案土壤严重污染，应当承担民事赔偿责任。周某作为肖某雇佣的人员，对未经处理的电镀废水倾倒至土壤中可能造成的损害应当具有预见能力，盲目听从肖某的指派，故意将电镀生产的废水排放到渗坑中，造成涉案土壤严重污染，应当与雇主肖某承担连带赔偿责任。结合涉案电镀厂的生产周期、周某参与电镀生产的时间及其在环境侵权中所起的作用等因素，酌情确定由周某承担15%的连带赔偿责任较为适宜。遂判决被告肖某于本判决生效后10日内赔偿生态环境修复费用人民币3659200元；被告周某对其中人民币548880元生态环境修复费用承担连带赔偿责任。

事件启示：普通民事侵权案件中，雇主应当对雇员造成的侵权损害承担责任。本案中，雇员周某应当知道其实施的受雇行为会造成环境污染，仍然盲目听从雇主肖某的指派，故意实施污染环境的行为，应加大其承担责任的范围和方式，本案判决雇员与雇主对污染环境的行为承担连带责任，体现了“用严格制度最严密法治保护生态环境”的理念，对类似案件具有警示和震慑作用。

2. “共同担责”法律责任

《中华人民共和国土壤污染防治法》（2018年版）第90条规定：违反本法规定，受委托从事土壤污染状况调查和土壤污染风险评估、风险管控效果评估、修复效果评估活动的单位，出具虚假调查报告、风险评估报告、风险管控效果评估报告、修复效果评估报告的，由地方人民政府生态环境主管部门处10万元以上50万元以下的罚款；情节严重的，禁止从事上述业务，并处50万元以上100万元以下的罚款；有违法所得的，没收违法所得。前款规定的单位出具虚假报告的，由地方人民政府生态环境主管部门对直接负责的主管人员和其他直接责任人员处1万元以上5万元以下的罚款；情节严重的，十年内禁止从事前款规定的业务；构成犯罪的，终身禁止从事前款规定的业务。本条第1款规定的单位和委托人恶意串通，出具虚假报告，造成他人人身或者财产损害的，还应当与委托人承担连带责任。

3. 法条解析

《中华人民共和国土壤污染防治法》（2018年版）第90条对企业违法的领导责任及直接责任未进行说明，但明确了委托人及受托人的连带责任，该条款规定企业调查评估造假责任，企业与评估机构恶意串通，授意评估机构出具虚假的土壤污染调查、风险评估、风险管控效果评估、修复效果评估报告的，与评估机构承担连带责任。

三 非法破坏土壤从中牟利案例

1. 实例分析

【案例四】非法在耕地内挖砂取料从中牟利主动修复被破坏耕地获缓刑

事件经过：2013年1月开始，被告人白某借用陕西HZ投资管理有限公司执照，在未经批准的情况下，私自与蓝田县汤峪镇孙家坡北村三组、孙家坡南村六组签订低产田改造协议，被告人白某作为实际承包人，非法在耕地内挖砂取料，从中牟利，共造成92.8亩耕地遭到毁坏。2018年2月9日，西安铁路运输检察院向西安铁路运输法院提起公诉。

处罚情况：西安铁路运输法院认为，被告人白某违反土地管理法规，非法在基本农田范围内挖砂取料，改变被占用土地用途，从中牟利，造成92.8亩耕地遭到毁坏，侵犯了国家自然资源所有权，其行为已构成非法占用农用地罪，应予惩罚。鉴于被告人白某能如实供述犯罪事实，有坦白情节，且在案发后能积极修复被破坏的耕地，并经县级以上土地行政主管部门验收合格，耕作层厚度指标达到种植要求，对其从轻判处。据此，以非法占用农用地罪判处被告人白某有期徒刑二年，缓刑二年，并处罚金人民币10000元。

事件启示：土地是人类赖以生存的物质基础，是国民经济和社会发展的宝贵资源和重要的生产要素，我国人多地少的国情决定了保护土地的重要性与迫切性。近年来，在广大农村地区，非法占用耕地、改变耕地用途进行违法经营、建设，造成农用地大量毁坏，生态破坏的问题比较严重。因此，运用司法手段保护土地成为一种有效途径，有力震慑了侵害土地资源的违法犯罪者，土地资源保护工作也得到了健康积极的发展。环境资源审判的重要目的之一在于修复被破坏的环境或者资源，本案审判中被告人积极修复被破坏的耕地，并经主管部门验收合格，法院将土地破坏对生态环境的影响及耕地修复后的状态作为量刑的重要依据，体现了环境司法的理念和精神。

【案例五】私挖渗坑排放有毒物质，技术专家依法出庭，合理认定修复费用

事件经过：2015年3月起，被告刘某、随某共同出资在西安市未央区下水腰村租赁场地，私开电镀厂，并将电镀作业产生的大量废水未经处理直接排入私挖的渗坑中。2015年7月16日，西安市环境保护局、西安市公安局处置突发事件支队浐灞大队进行执法检查时，发现该违法排污行为。经西安市环境监测站监测，两个渗坑内废水总锌含量、pH值严重超出国家电镀污染物排放标准，造成土壤污染。本案中，检察机关委托专家对土壤环境污染修复进行技术评估，估算出土壤污染体积在254.16～304.99立方米，污染修复总费用在人民币253300～344000元，庭审时，专家出庭接受了质询并提交了修复治理意见。

处罚情况：2016年5月17日，西安市灞桥区人民法院判决刘某、随某犯污染环境罪，分别判处有期徒刑一年，并处罚金人民币20000元。2017年6月5日，西安市人民检察院向西安铁路运输中级法院提起民事公益诉讼。西安铁路运输中级法院认为，被告刘某、随某在不具备电镀加工资质的情况下，共同出资私自开办电镀厂，将电镀后产生的废水未经任何处理直接排放到其私挖的渗坑内，造成土壤严重污染，其行为已构成违法犯罪，应予惩罚，并就生态环境损害后果承担相应的民事赔偿责任。鉴于二被告共同出资办厂，共同经营收益，共同实施排污污染行为，故判决二被告共同赔偿生态环境修复费用人民币253300元，并承担连带责任。

【案件六】衢州RLJ化工有限责任公司土壤环境污染案

事件经过：2005年8月2日，衢州RLJ化工有限责任公司（以下简称RLJ公司）与开化县华埠镇新安村第一承包组签订土地租赁合同，租赁约两亩土地用于工业固体废物填埋，共填埋上百吨有机硅胶裂解产生的废渣、废活性炭等工业固废。2016年7月，开化县环境保护局调查发现，表层土已被RLJ公司填埋的黑色固体废弃物污染，主要污染物为苯、甲苯。2016年11月，开化县环境保护局对RLJ公司作出责令改正违法行为决定书，责令RLJ公司将填埋于新安村的危险废物交由有资质的单位处理。

2016年12月，RLJ公司委托有处置资质公司将该工业固废及感官上觉得受污染的土壤全部挖出清运处理，共计1735.8吨。经对残留土壤进行检测，确认填埋在新安村的工业固废产生的渗滤液对填埋地的土壤和附近马金溪河流水生态环境以及地下水生态环境造成了损害。经采样检测，清理后的场地现场水潭中化学需氧量、氨氮、总磷、总氮浓度超标；马金溪河流下游化学需氧量、总氮超标。经对污染地块调查与风险评估，受污染地块土壤中苯含量超过人体健康可接受风险水平，需要修复。开化县人民检察院向衢州市中级人民法院提起环境民事公益诉讼，请求判令RLJ公司赔偿生态环境服务功能损失，支付修复生态环境费用，承担鉴定评估费等费用。经浙江省高级人民法院批准，衢州市中级人民法院裁定本案由开化县人民法院审理。

处罚情况：浙江省开化县人民法院一审认为，RLJ公司违规填埋工业固废，造成生态环境受到损害的事实清楚，应依法承担侵权的民事责任。综合考虑已查明的具体污染情节、被告的主观过错程度、污染环境的范围和程度、生态环境恢复的难易程度、生态环境的服务功能等因素，判决RLJ公司赔偿生态环境受到损害期间的服务功能损失，支付修复生态环境费用，承担鉴定评估费等费用。

事件启示：本案系因土地利用方式不当污染土壤并引发水污染的环境民事公益诉讼案件。开化县人民法院通过依法审理土壤污染案件，强化土壤污染管控和修复，防止有毒有害污染物、危险化学品、危险废物等通过地下水循环系统进入长江干支流，彰显了山水林田湖草是生命共同体的基本理念。本案中，马金溪作为钱江源国家森林公园的重要水域，是开化县城市集中饮用水水源地。RLJ公司填埋工业固体废物产生渗滤液，对填埋地土壤和马金溪河流水生态环境以及地下水生态环境造成损害，对水源地水质产生不良影响。开化县人民法院从长江流域生态系统的整体性着眼，综合考虑多种因素，依法判决RLJ公司承担环境侵权责任，赔偿生态环境受到损害期间的服务功能损失和生态环境修复费用，有效保障了饮用水水源地的水质安全。

【案例七】韦某军污染环境案

事件经过：被告人韦某与罗某等人在河池市宜州区共同投资经营沥青提炼厂。2016年7月，韦某、罗某租下田相福在河池市宜州区刘三姐镇冬田村社坡屯附近经营的木材加工厂东面的一块空地。后由韦某雇请钩机在该空地上挖出一个长约17米、宽约13米、深约2.5米的土坑，为建沥青提炼厂做准备，后因故放弃在该处建厂，土坑亦未回填。2016年8月，韦某雇请吊车将来源不明的储存有炼油废渣的131个铁桶吊卸到该挖好的土坑内存放，在吊卸过程中，部分铁桶破裂，铁桶内储存的炼油废渣泄漏在土坑内的地表上。韦某军发现后仍继续指挥吊车将铁桶全部吊卸到该土坑内，并在没有采取任何防护措施的情况下，将该131个铁桶露天存放在该土坑内。经检测，查获的该批物质含有石油磺酸盐成分，为炼油废渣，pH值均小于2.0，属于腐蚀性危险废物。

2017年9月30日，河池市宜州区环境保护局向韦某军发出责令改正违法行为决定书，韦某军在限期内未委托具备处置资质的单位对该批危险废物及受污染的土壤进行处置。河池市宜州区环境保护局为保障公共安全，委托具备处置资质的某水泥有限公司对该批危险废物及受污染的土壤进行应急处置，清理处置该批危险废物及受污染的土壤共166.84吨，支付处置费587439.14元。

处罚情况：河池市宜州区人民法院一审认为，被告人韦某军明知可能是有毒、有害的物质，而违反国家规定，非法随意处置腐蚀性危险废物，严重污染环境，造成人民政府为防止污染扩大、消除污染而支付应急处置费587439.14元、检测费5250元，共计592689.14元，其行为已构成污染环境罪，被告人韦某军对于其行为造成的应急处置费及检测费应依法予以赔偿。此外，被告人韦某军的犯罪行为损害了社会公共利益，依法还应承担向社会公众赔礼道歉的责任。依照《中华人民共和国刑法》第338条、第45条、第47条、第52条、第53条、第61条、第67条第1款，最高人民法院、最高人民检察院《关于办理环境污染刑事案件适用法律若干问题的解释》第1条第9项、第15条第1项、第17条第4款，《中华人民共和国侵权责任法》第15条第1款第6项及第7项、第65条和最高人民法院、最高人民检察院《关于检察公益诉讼案件适用法律若干问题的解释》第20条之规定，判决：被告人韦某军犯污染环境罪，判处有期徒刑二年，并处罚金人民币10万元；被告人韦某军赔偿河池市宜州区人民政府支付的应急处置费587439.14元、检测费5250元，共计592689.14元；被告人韦某军在河池市级媒体上刊发书面材料向社会公众赔礼道歉。

事件启示：本案为典型的环境污染刑事附带民事公益诉讼。被告人明知铁桶泄漏出来的炼油废渣有毒有害，在没有采取任何防护措施的情况下仍露天存放，对环境造成极大的损害。人民法院依法定罪量刑，在判处被告人有期徒刑之外，同时判处被告人赔偿因其违法行为所产生的应急处置费及检测费。因被告人的行为对当地环境以及在民众中产生恶劣影响，本案判决责令被告人登报赔礼道歉，取得了良好的法律效果和社会效果。

2. “非法破坏土壤从中牟利”法律责任

《中华人民共和国土壤污染防治法》（2018年版）第89条“违反本法规定，将重金属或者其他有毒有害物质含量超标的工业固体废物、生活垃圾或者污染土壤用于土地复垦的，由地方人民政府生态环境主管部门责令改正，处10万元以上100万元以下的罚款；有违法所得的，没收违法所得。”

3. 法条解析

上述案例在土壤污染防治法正式施行前发生并进行了判决，属于私自挖坑进行有毒、有害物质填埋的情况，可参照《中华人民共和国土壤污染防治法》第80条“违反本法规定，向农用地排放重金属或者其他有毒有害物质含量超标的污水、污泥，以及可能造成土壤污染的清淤底泥、尾矿、矿渣等的，由地方人民政府生态环境主管部门责令改正，处10万元以上50万元以下的罚款；情节严重的，处50万元以上200万元以下的罚款，并可以将案件移送公安机关，对直接负责的主管人员和其他直接责任人员处5日以上15日以下的拘留；有违法所得的，没收违法所得”及第89条“违反本法规定，将重金属或者其他有毒有害物质含量超标的工业固体废物、生活垃圾或者污染土壤用于土地复垦的，由地方人民政府生态环境主管部门责令改正，处10万元以上100万元以下的罚款；有违法所得的，没收违法所得。”进行处罚。另外，对于非法破坏耕地土壤的情况，在土壤污染防治法中无法律责任条例进行说明，但明确了优先保护类、安全利用类、严格管控类三种农用地的土壤污染防控措施。

四 土壤污染责任民事公益诉讼类案例

【案例八】铜仁市人民检察院诉贵州玉屏XS化工有限公司、广东韶关WX贸易有限公司土壤污染责任民事公益诉讼案

事件经过：贵州玉屏XS化工有限公司（以下简称XS公司）、广东韶关WX贸易有限公司（以下简称WX公司）均未取得危险废物经营许可证。2010年5月，两公司建立合作关系，WX公司提供原料给XS公司加工，加工费为生产每吨硫酸240元，硫酸产品及废渣由WX公司负责接收销售。2011年11月1日，两公司签订《原料购销协议》，以XS公司名义对外向中金岭南某冶炼厂购买硫精矿原料。2011年11月1日至2015年7月6日，XS公司共取得硫精矿66900吨，用于生产硫酸。2015年3月30日至2018年3月30日，XS公司整体承包给WX公司独立经营，期间曾发生高温水管破裂事故，导致生产车间锅炉冷却水直接排入厂外河流。在上述生产过程中，生产原材料和废渣淋溶水、生产废水流入厂区外，造成厂区外一号、二号区域土壤污染。

经鉴定，一号区域为灌草地，重金属污染面积约达3600平方米，全部为重度污染。二号区域为农田，重金属污染面积达39500平方米，91%的土壤为重度污染，7%的土壤为中度污染，2%的土壤为轻度污染。污染地块的种植农作物重金属超标。县环境保护局于2015年、2016年两次责令XS公司拆除排污暗管、改正违法行为，处以行政罚款。2016年9月，XS公司及其法定代表人梁某、WX公司余某因犯污染环境罪被追究刑事责任。2017年12月，贵州省环境科学研究设计院出具《损害评估报告》，确认案涉土壤污染损害费用包括消除危险费用、污染修复、期间生态服务功能损失共计639.7万元。

处罚情况：贵州省遵义市中级人民法院一审认为，XS公司、WX公司均无危险废物经营许可证，不具备危废处理资质。两公司在生产过程中实施了污染行为，案涉污染土壤中重金属与XS公司生产原料、废渣及排放废水中所含重金属成分相同，具有同源性，且污染土壤区域的重金属含量均远高于对照检测点，足以认定两公司排污行为与案涉土壤及地上农作物中度污染之间的因果关系。两公司先为合作，后为承包，主观上具有共同故意，客观上共同实施了污染行为，应承担连带责任。一审法院判决XS公司、WX公司立即停止侵害，在对生产厂区进行综合整改及环境监控，未通过相关环保行政职能部门监督验收前，不得生产；对厂区留存全部原料及废渣进行彻底无污染清除，逾期则应当支付危废处置费60.3万元，聘请第三方处置；对案涉土壤进行修复，逾期则支付修复费用230万元，聘请第三方修复；赔偿生态环境期间服务功能损失127.19万元，承担本案鉴定费38.6万元。

事件启示：本案是由检察机关提起的土壤污染民事公益诉讼案件。土壤是经济社会可持续发展的重要物质基础。尤其本案所涉二号区域用途为农用耕地，其上农作物及农产品的安全更是直接关系到群众身体健康。本案审理法院依法启动鉴定程序对案涉专业问题作出技术判断，鉴定机构出具的评估报告同时提供了土壤污染的风险判定和具体修复方案，为推动后续土壤修复治理提供了专业技术支撑。

【案例九】中华环保联合会诉山东HK化工集团有限公司、王江某、王红某、周景某土壤污染民事公益诉讼案

事件经过：2014年1月，山东HK化工集团有限公司将新建成品油罐区现场清理土方回填工程（含化工污水处理）承包给王江某，王江某将化工污水清理工程承包给没有处理危险废物资质的王红某，王红某又将污水处理事项交给没有危险废物处理资质的周景某。2014年1月19～22日，周景某雇用司机将7车200余吨污水倾倒至东营市垦利区董集镇官庄村其父亲周某某承包土地挖好的沟内，造成大面积污染。倾倒的废水为HW35类危险废物，污染水面积2025平方米，污泥体积约为1148立方米，本次环境污染造成财产损失为8790750元。

处罚情况：该案受理后，东营经济技术开发区人民法院先行对修复费用进行裁决，并于2016年12月20日公开开庭进行了审理并组织调解，双方达成调解协议，被告山东HK化工集团有限公司已将案款付至法院专户，东营经济技术开发区人民法院主导的环境修复工作正有序推进。

事件启示：本案是山东省首起由基层法院审理的环境民事公益诉讼案件，通过调解中华环保联合会的诉请得到全部实现，且在调解过程中统筹考虑，预设了实际修复费用超过案款时的解决办法，堵塞了被告将可能以“一事不再理”作为抗辩的漏洞，一方面加快了环境修复进程，另一方面确保了修复费用足额到位，从而实现了环境公益诉讼的终极目的。东营市系山东省“黄蓝”两大国家战略叠加实施地，系黄河三角洲高效生态经济区的重要组成部分，通过环境公益保护当地生态环境，具有十分重要的意义。

【案例十】聊城市人民检察院诉路荣某土壤污染民事公益诉讼案

事件经过：2014年12月至2015年10月，路荣某在未经相关部门审批且不具备清洗资质的情况下，使用强碱洗刷机油桶，并将未经无害化处理的强碱废液直接排入私自挖掘的渗坑内，对渗坑周边及地下土壤造成污染。淄博市周村区公安分局根据举报线索，并经对涉案地的排放液体取样鉴定，以路某涉嫌污染环境罪将其逮捕，并移送检察机关提起公诉。2016年12月20日，淄博市周村区人民法院以污染环境罪对其作出（2016）鲁0306刑初405号刑事判决。公益诉讼人山东省聊城市人民检察院依据相关法律、司法解释之规定，在淄博市目前尚未有符合法律规定的机关或社会组织提起民事公益诉讼的前提下，依法向淄博市中级人民法院提起环境公益诉讼。

处罚情况：淄博市中级人民法院经审理认为，被告路某因环境污染犯罪行为造成涉案地环境污染，事实清楚，证据充分。公益诉讼人要求路荣某太承担污染土壤治理及生态修复的相关费用，于法有据。故判决被告路荣某在本判决生效后十日内，将污染治理及生态修复费384万元，支付至山东省生态环境损害赔偿资金账户。

事件启示：本案是在《山东省生态环境损害赔偿资金管理办法》印发后，全省首例直接判令被告将生态修复金直接支付至山东省生态环境损害赔偿资金账户的案例。法院结合具体案情，考虑到本案环境污染的特殊性与被告路荣某被刑事羁押的客观事实，直接判令被告将生态修复金直接支付至山东省生态环境损害赔偿资金账户，用以补偿对环境的损害，判决内容具有可执行性，从而使得侵权人对侵权行为的责任承担更加清晰，减少了双方诉累。

【案例十一】烟台市人民检察院诉王振某、马群某水和土壤污染损害民事公益诉讼案

事件经过：2014年2～4月期间，王振某、马群某在没有办理任何注册、安检、环评等手续的情况下，在莱州市柞村镇消水庄村沙场大院北侧车间从事盐酸清洗长石颗粒项目。在作业过程中产生了至少60吨的废酸液，被王振某储存于厂院北墙外的废水池内。期间因池侧壁和底部均存在裂缝，存在明显的渗漏迹象，渗漏废酸液对废水池周边土壤和地下水造成污染。后储存于废水池内的废酸液被抽到厂院外的排水沟，通过排水沟汇入村北的消水河，对消水河内水体造成污染。

处罚情况：烟台市中级人民法院经审理认为，王振某、马群某实施的环境污染行为与所造成的环境污染损害后果之间存在因果关系，二人应当对其污染环境造成社会公共利益受到损害的行为承担侵权责任。故判决王振某、马群某在烟台市环境保护局的监督下按照危险废物的处置要求将酸洗池内受污染沙土223吨进行处置，消除危险；如不能自行处置，则由环境保护主管部门委托第三方进行处置，王振某、马群某赔偿酸洗危险废物处置费用5.6万元，支付至烟台市环境公益诉讼基金账户。同时，对莱州市柞村镇消水庄村沙场大院北侧车间周边地下水、土壤和消水河内水体的污染治理制定修复方案并进行修复，逾期不履行修复义务或者修复未达到保护生态环境社会公共利益标准的，赔偿因其偷排酸洗废水造成的生态损害修复费用72万元，支付至烟台市环境公益诉讼基金账户。

事件启示：本案环境污染涉及地表水、地下水、土壤污染及危险固废的应急处置等一系列问题。该案审理的裁判结果，给出了水污染环境损害对于不同水质及对应不同环境功能敏感程度的水源区域计算环境生态损害修复费用的标准。对各级环保、国土资源行政主管部门全面推动矿山、地质环境治理恢复工作具有一定的借鉴作用。在该案件的审理过程中，法院认真分析了该环境污染案件的特点，充分考虑到预防和遏制环境污染行为的现实需求，积极推动污染水体的治理，有效实现对环境公共利益的保护。

第二节 法律知识延展

一 新修订《土壤污染防治法》(2018年版)主要特点

1. 明确各方责任

"土壤污染责任人"一词在《土壤污染防治法》全文共出现25次，总结起来主要包括以下13类：土壤污染重点监管单位，拆除设施、设备或建筑物、构筑物的企事业单位，拆除设施、设备或建筑物、构筑物的重点监管单位、尾矿库运营、管理单位，建设和运行污水集中处理设施、固体废物处置设施的单位，农业投入品生产者、销售者和使用者，土壤调查、风险评估、效果评估单位，修复施工单位，土地使用权人，土地使用权人和实际生产经营者，债权、债务继承人，任一造成土壤污染的行为人，地方人民政府。

2. 新增风险管理制度

新增的风险管理制度有：建立土壤污染防治政府责任制度；建立土壤污染责任人制度；建立土壤环境信息共享机制；建立土壤污染状况调查、监测制度；建立土壤有毒有害物质的防控制度；建立土壤污染风险管控和修复制度；建立土壤污染防治基金制度。

3. 专设经济措施

本法规定通过多种渠道、多种方式解决土壤污染资金问题。

一是规定国家采取有利于土壤污染防治的财政、税收、价格、金融等经济政策和措施；

二是各级人民政府应当安排必要的资金用于土壤污染防治工作，加强绩效管理和审计监督，确保资金使用的效益；

三是国家建立土壤污染防治基金制度，设立中央和省级土壤污染防治基金。

4. 影响行业类别

生态环境部在2018年5月发布的《工矿用地土壤环境管理办法（试行）》，提出了"土壤环境污染重点监管单位"的概念。本法仍然使用了这个概念。依据《工矿用地土壤环境管理办法（试行）》，土壤环境污染重点监管单位主要包括以下行业类别：有色金属冶炼、石油加工、化工、焦化、电镀、制革等行业中纳入排污许可重点管理的企业；有色金属矿采选、石油开采行业规模以上企业；以及其他根据有关规定纳入土壤环境污染重点监管单位名录的企事业单位；此外，重点单位以外的企事业单位和其他生产经营者生产经营活动涉及有毒有害物质的，例如危险废物经营单位、垃圾填埋场、垃圾焚烧设施、污水集中处理设施、危险化学品储存设施、原油储运管道设施、加油站、尾矿库等。

5. 规定第三方法律责任

第三方土壤环境服务机构指从事土壤污染状况调查和土壤污染风险评估、风险管控效果评估、修复效果评估活动的单位。第三方土壤环境服务机构如出具虚假调查报告、风险评估报告、风险管控效果评估报告、修复效果评估报告的，对单位和直接负责的主管和其他直接责任人员处以行政处罚。除了行政处罚之外，第三方土壤环境服务机构如出具虚假文件还可能触犯《刑法》第229条规定的提供虚假证明文件罪、出具证明文件重大失实罪。这两项罪名为单位、自然人双罚的罪名。因此，如第三方土壤环境服务机构触犯了上述罪名，则对单位判处罚金，对直接负责的主管人员和其他直接责任人员按照规定处罚，最高可处5年以上10年以下有期徒刑，并处罚金，且终身禁止从事第三方土壤环境服务业务。此外，如第三方土壤环境服务单位与委托人恶意串通，出具虚假报告，造成他人人身或者财产损害的，还应当与委托人承担连带责任。

二 《土壤污染防治行动计划》相关内容

2016年5月28日国务院印发了《突然污染防治行动计划》(国发［2016］31号，以下简称《土十条》)。《土十条》确定的工作目标是：到2020年，全国土壤污染加重趋势得到初步遏制，土壤环境质量总体保持稳定，农用地和建设用地土壤环境安全得到基本保障，土壤环境风险得到基本管控。到2030年，全国土壤环境质量稳中向好，农用地和建设用地土壤环境安全得到有效保障，土壤环境风险得到全面管控。到21世纪中叶，土壤环境质量全面改善，生态系统实现良性循环。主要指标是：到2020年，受污染耕地安全利用率达到90%左右，污染地块安全利用率达到90%以上。到2030年，受污染耕地安全利用率达到95%以上，污染地块安全利用率达到95%以上。

为确保实现上述目标，《土十条》提出了10条35款，共231项具体措施。除总体要求、工作目标和主要指标外，可分为四个方面：

第一方面措施2条，着眼于摸清情况、建立健全法规标准体系，夯实两大基础；

第二方面措施2条，突出农用地分类管理、建设用地准入管理两大重点；

第三方面措施3条，推进未污染土壤保护、控制污染来源、土壤污染治理与修复三大任务；

第四方面措施3条，强化科技支撑、治理体系建设、目标责任考核三大保障。为了便于贯彻落实，每项工作都明确了牵头单位和参与部门。

《土十条》主要有以下三个特点：

一是坚持问题导向、底线思维。与大气和水污染相比，土壤污染具有隐蔽性，防治工作起步较晚、基础薄弱。为此，《土十条》重点在开展调查、摸清底数，推进立法、完善标准，明确责任、强化监管等方面提出工作要求。同时，提出要坚决守住影响农产品质量和人居环境安全的土壤环境质量底线。

二是坚持突出重点、有限目标。国内外实践表明，解决好土壤污染问题需要付出长期艰苦的努力。针对当前损害群众健康的突出土壤环境问题，立足初级阶段的基本国情，着眼经济社会发展全局，《土十条》以农用地中的耕地和建设用地中的污染地块为重点，明确监管的重点污染物、行业和区域，严格控制新增污染，对重度污染耕地提出更严格管控措施，禁止种植食用农产品；对于污染地块，要区分不同用途，根据污染程度，建立直接开发利用的负面清单。同时紧扣重点任务，设定有限目标指标，以实现在发展中保护、在保护中发展。

三是坚持分类管控、综合施策。为提高措施的针对性和有效性，根据污染程度将农用地分为三个类别，分别实施优先保护、安全利用和严格管控等管理措施；对建设用地，按不同用途明确管理措施，严格用地准入；对未利用地也提出了针对性管控要求，实现所有土地类别全覆盖。在具体措施上，对未污染的、已经污染的土壤，分别提出保护、管控及修复的针对性措施，既严控增量，也管好存量，实现闭环管理，不留死角。

三 《建设用地土壤污染状况调查、风险评估、风险管控及修复效果评估报告评审指南》相关内容

2019年12月17日国家生态环境部印发了《建设用地土壤污染状况调查、风险

评估、风险管控及修复效果评估报告评审指南》（环办土壤［2019］63号，以下简称《指南》）。《指南》提出整体性和实事求是两个原则，提出随着工作推进，后续环节可能会开展必要的补充调查。整体性和实事求是的原则在土壤环境管理文件中是第一次提出，具有重要意义。整体性原则表明了客观上土壤环境调查是一个不断推进和深入的过程。满足了土壤环境调查阶段和评审要求的调查，仍可能不能满足风险评估阶段的工作和评审要求而需要开展补充调查。土壤环境调查不确定性的特点，决定了土壤环境调查不能一味强调“一次调查定终身”。实事求是原则体现了土壤环境调查的难度和特殊性。现实中可能会出现前一阶段未调查到的污染区域或者污染物在后续阶段发现了，尤其是地下储槽储罐、地下管道造成的土壤污染、地下掩埋固体废物等，不确定性发生的概率更高。这时不能“一棍子打死”，认定是前一阶段工作的失职，而是应对前一阶段调查方法过程和委托合同中约定要求进行客观公正分析，在客观原因造成的调查不确定性和主观弄虚作假、故意回避问题之间实事求是地做出分类判断，分类进行认定。

土壤环境调查单位应高度重视地下管线排查、历史污染状况分析、固体废物填埋历史分析，充分分析调查工作中的不确定性，结合合同约定的工作范围和工作内容在调查报告中予以充分体现。

四 《土壤环境质量农用地土壤污染风险管控标准（试行）》（GB 15618—2018）（以下简称《农用地标准》）、《土壤环境质量　建设用地土壤污染风险管控标准（试行）》（GB 36600—2018）（以下简称《建设用地标准》）相关内容

2018年6月22日国家生态环境部印发了《关于发布〈土壤环境质量农用地土壤污染风险管控标准（试行）〉等两项国家环境质量标准的公告》（公告2018年第13号）。《农用地标准》和《建设用地标准》主要是基于不同的保护目标和管理要求制定的，由于农用地和建设用地中污染特征不完全一致，一般来说，农用地土壤污染以重金属为主，建设用地土壤污染则较为复杂，有的以重金属、无机物为主，有的以有机污染物为主。因此，两项标准最终确定的污染物项目也不相同，不具有可比性。《建设用地标准》主要是基于保护人体健康，制定相关标准值，而《农用地标准》主要基于保障农产品质量安全，制定相关标准值。二者保护目标不一样，推导

方法不一样，最终确定的标准值不具有可比性。例如：建设用地标准关于砷的筛选值低于农用地风险管控标准中砷的筛选值。在国外的标准中两者也存在差别。例如德国住宅用地，基于保护人体健康的土壤筛选值（德国称触发值），砷为50毫克/千克；基于保护农产品质量安全的农用地土壤筛选值，砷为200毫克/千克。

《建设用地标准》主要根据保护对象暴露情况的不同，并根据《污染场地风险评估技术导则》，将《城市用地分类与规划建设用地标准》（GB 50137—2011）规定的城市建设用地分为两类：第一类用地：儿童和成人均存在长期暴露风险，主要是GB 50137规定的居住用地（R）。考虑到社会敏感性，将学校、医疗、养老相关的用地类型包括公共管理与公共服务用地中的中小学用地（A33）、医疗卫生用地（A5）和社会福利设施用地（A6），公园绿地（G1）中的社区公园或儿童公园用地也列入第一类用地。第二类用地：主要是成人存在长期暴露风险，包括GB 50137规定的城市建设用地中的工业用地（M），物流仓储用地（W），商业服务业设施用地（B），道路与交通设施用地（S），公用设施用地（U），公共管理与公共服务用地（A）（A33、A5、A6除外），以及绿地与广场用地（G）（G1中的社区公园或儿童公园用地除外）等。城市建设用地之外的建设用地可参照上述类别划分。建设用地规划用途为第一类用地的，适用第一类用地的筛选值和管制值；规划用途为第二类用地的，适用第二类用地的筛选值和管制值。规划用途不明确的，适用于第一类用地的筛选值和管制值。《建设用地标准》将污染物清单区分为基本项目（必测项目）和其他项目（选测项目）。《建设用地标准》未考虑主要影响地下水的污染物，如氨氮、氟化物、甲基叔丁基醚（MTBE）、苯酚等。有关保护地下水的土壤标准另行制定。此外，一些毒性较小，推导的筛选值数值很高、现实中很少出现超标情况的污染物，如蒽、荧蒽、芴等多环芳烃指标以及锌、锡等金属指标也未纳入。

思考题

1．2014年12月至2015年10月，路某某在未经相关部门审批且不具备清洗资质的情况下，使用强碱洗刷机油桶，并将未经无害化处理的强碱废液直接排入私自挖掘的渗坑内，对渗坑周边及地下土壤造成污染。淄博市周村区公安分局根据举报线索，并经对涉案地的排放液体取样鉴定，以路某某涉嫌污染环境罪将其逮捕，并移送检察机关提起公诉。请问公安机关在什么情况下可以对相关责任人实施逮捕？

此案例中污染源会对土壤造成哪些危害?

2．2017年7月21日，安新县公安局在工作中发现，该县李某某在未办理危险废物经营许可证的情况下，在其租赁的厂房内，将23吨含有废铅膏和废酸液的废旧铅酸蓄电池壳露天堆放在无防渗措施的地面上，对土壤造成污染。同时，查明2017年5月至7月间，李某某采用粉碎清洗的方式处置废旧铅酸蓄电池壳3700余千克，经环保部门认定，该废旧铅酸蓄电池壳属于危险废物。请问为什么废旧铅酸蓄电池壳属于危险废物?该危险废物应该按照哪种类别来处置?

第五章

《固体废物污染环境防治法》相关案例

扫码即获更多阅读体验

《固体废物污染环境防治法》是为了防治固体废物污染环境，保障人体健康，维护生态安全，促进经济社会可持续发展而制定。但在实际执行过程中，出现了诸多违法、违规的案例，本章重点介绍了一般工业固废非法堆放、固废未申报登记、固废场所弃用、生活垃圾未妥善处置问责、危废非法处置、危废未申报年度管理计划、危废混合存放，以及固废污染公益诉讼等相关典型案例。

要点导图

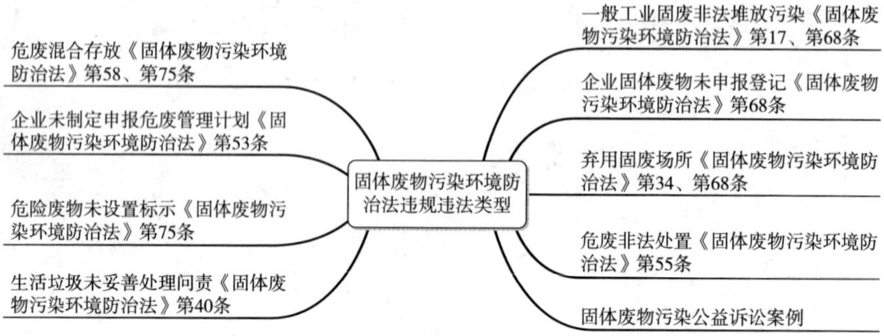
固体废物污染环境防治法违规违法类型
危废混合存放《固体废物污染环境防治法》第58、第75条
企业未制定申报危废管理计划《固体废物污染环境防治法》第53条
危险废物未设置标示《固体废物污染环境防治法》第75条
生活垃圾未妥善处理问责《固体废物污染环境防治法》第40条
一般工业固废非法堆放污染《固体废物污染环境防治法》第17、第68条
企业固体废物未申报登记《固体废物污染环境防治法》第68条
弃用固废场所《固体废物污染环境防治法》第34、第68条
危废非法处置《固体废物污染环境防治法》第55条
固体废物污染公益诉讼案例

第一节 《固体废物污染环境防治法》基本信息及相关案例

《固体废物污染环境防治法》(2016年版)共计6章91条，完善了固体废物污染环境防治监督管理制度，例如建立固体废物污染环境防治信用记录制度，补充完善查封扣押措施等；强化工业固体废物污染环境防治制度，例如强化工业固体废物产生者的责任，要求其建立、健全全过程的污染环境防治责任制度，建立固体废物管理台账，委托他人运输、利用、处置的要对受托方的主体资格和技术能力进行核实。

以案释法

一　"一般工业固废非法堆放污染"案例

1. 实例分析

【案例一】四川XY环保科技有限公司非法堆放，无防污染措施

事件经过：北川羌族自治县环保执法人员在对四川XY环保科技有限公司进行检查时，发现在桂溪镇永利村1组的木材堆放场内堆放有锰矿废渣，且未采取防扬散、流失、渗漏或者其他防止污染环境的措施。

处罚情况：根据《中华人民共和国固体废物污染环境防治法》(2016年版)第68条第7项规定："未采取相应防范措施，造成工业固体废物扬散、流失、渗漏或者造成其他环境污染的，由县级以上人民政府环境保护行政主管部门责令停止违法行为，限期改正，处以罚款。"2018年6月，北川羌族自治县环境保护局责令该公司立即对擅自堆放的锰矿废渣进行清运，并依法作出行政处罚。随后，将该案移送江油公安机关并案处理。

【案例二】衢州市WL化学工业有限公司固废"三防"措施不到位污染环境

事件经过：2016年1月13日，衢州市环保局集聚区分局执法人员对衢州市WL化学工业有限公司进行现场检查时发现，该企业钢渣堆场未采取有效的"三防"(防雨、防扬散、防渗漏)措施，导致钢渣废水超标排放。

处罚情况：根据《中华人民共和国固体废物污染环境防治法》（2016年版）第68条第7项："未采取相应防范措施，造成工业固体废物扬散、流失、渗漏或者造成其他环境污染的，由县级以上人民政府环境保护行政主管部门责令停止违法行为，限期改正，处以罚款"，衢州市环保局集聚区分局依法对企业作出责令停止违法排污行为，罚款10万元的行政处罚。

【案例三】长兴县顾浩某等人非法堆放固体废物

事件经过：2017年12月10日，环境执法人员开展环境执法检查时，发现在长兴县李家巷镇青草坞村以林机械项目空地上露天堆放着三大堆固体废物，均为裸露堆放未遮盖，堆放的空地为泥质地，未采取硬化措施，目测现场堆放的固废主要是废布条。经调查，当事人顾某等人组织将从杭州市余杭区乔司垃圾中转站的固废于2017年12月9日运输至长兴，倾倒在长兴县李家巷镇青草坞村以林机械项目空地上，共约60吨，且未采取相应的防扬散、防流失、防渗漏等措施，造成固废污染环境。

处罚情况：依据《中华人民共和国固体废物污染环境防治法》（2016年版）第68条第7项，长兴县环保局责令当事人立即改正违法行为，并处罚款人民币5.2万元。

【案例四】温州RS环境保洁非法倾倒皮料边角料固废案

事件经过：2018年10月13日，怀溪镇工作人员向南雁环境监理所反映，怀溪镇西洋亭村平文公路边有皮料边角料等工业垃圾堆放。县环保局迅速组织人员对倾倒点进行现场查勘，发现该段公路有两处皮料边角料工业垃圾堆放，现场无任何污染物防治措施。通过道路监控以及对涉事车辆司机的调查，查明是温州RS环境保洁有限公司对皮料边角料的工业固废进行清运时，经3人转运，最后运输人白某某为了规避交警超载检查，擅自将皮料边角料的固废倾倒至怀溪镇西洋亭村平文公路边，造成了环境污染。

处罚情况：温州RS环境保洁有限公司的行为违反了《中华人民共和国固体废物污染环境防治法》（2016年版）第17条"收集、贮存、运输、利用、处置固体废物的单位和个人，必须采取防扬散、防流失、防渗漏或者其他防止污染环境的措施；不得擅自倾倒、堆放、丢弃、遗撒固体废物"的规定。依据《中华人民共和国固体废物污染环境防治法》（2016年版）第68条，对温州RS环境保洁有限公司的违法行为作出顶额罚款人民币5万元的处理。

事件启示：现阶段仍有部分企业，对于固体废物管理存在问题，有时候并不是企业故意为之，而是不知道"怎么做是正确的"。因此企业管理人员应学会并能做到以下几点：严格按照固体废物相关管理规定，设置规范的一般工业固体废物以及危险废物贮存场所，制作危废存放标识并分类存放，依法依规进行固体废物贮存、转移和处置等等，杜绝固体废物管理方面环境违法行为的发生。

2. “一般工业固废非法堆放”法律责任

《中华人民共和国固体废物污染环境防治法》（2016年版）第17条规定：收集、贮存、运输、利用、处置固体废物的单位和个人，必须采取防扬散、防流失、防渗漏或者其他防止污染环境的措施；不得擅自倾倒、堆放、丢弃、遗撒固体废物。

3. 法条解析

任何一种固体废物，从产生到最终处置可能涉及产生、收集、贮存、运输、利用、处置等多个环节，按照本法第5条规定的污染者依法负责的原则，每个环节的参与者都应当依法律对其造成的环境污染承担相应的责任。本法第17条已经对固体废物产生者的污染防治义务作了规定，本条第1款则明确了收集、贮存、运输、利用、处置固体废物的单位和个人的污染防治义务。按照这一规定，收集、贮存、运输、利用、处置固体废物的单位和个人必须采取防扬散、防流失、防渗漏等防止造成环境污染的措施，并不得擅自倾倒、堆放、丢弃、遗撒固体废物。具体而言：

（1）本条第1款的规定适用于收集、贮存、运输、利用、处置固体废物的单位和个人。收集，是指将固体废物聚集在一起；贮存，按照本法第88条第5项，是指将固体废物临时置于特定设施或者场所中的活动；运输，是指用交通工具将固体废物从一地运往另一地；利用，按照本法第88条第7项，是指从固体废物中提取物质作为原材料或者燃料的活动；处置，按照本法第88条第6项，是指将固体废物焚烧和用其他改变固体废物的物理、化学、生物特性的方法，达到减少已产生的固体废物数量、缩小固体废物体积、减少或者消除其危险成分的活动，或者将固体废物最终置于符合环境保护规定要求的填埋场的活动。从事上述活动的单位和个人，都应当遵守本条第1款的规定，采取措施，防止造成环境污染。

（2）本条第1款规定的污染防治义务包括两方面：

一是要求采取相应的防止固体废物污染环境的措施，具体列举了三种，即防扬散、防流失、防渗漏。防扬散，是指防止固体废物撒开散失。比如生活垃圾收集和运输时，应当采取密闭措施，防止垃圾暴露、散落。防流失，是指防止固体废物流动散失，主要针对液态废物而言。比如，一般工业固体废物的贮存场所，应当设置导流渠，防止因雨水径流进入使贮存的工业固体废物流失造成环境污染。防渗漏，是指防止固体废物渗透漏出，主要针对液态废物和气态废物而言。比如，危险废物贮存场所必须设置泄漏液体收集装置，地基必须经过防渗处理，防止危险废物渗漏污染土壤和地下水。以上三种措施是本条第1款明确列举的，当然这并不是说只能或者只需要采取上述三种措施，有关单位和个人应当针对不同固体废物的具体情况，按照国家有关法规和标准的规定，科学地采取相应的措施，防止造成固体废物污染环境。

二是不得擅自倾倒、堆放、丢弃、遗撒固体废物。倾倒，是指倒转或倾斜容器使里面的固体废物出来；堆放，是指未采取相应的污染防治措施成堆地将固体废物放置在一起；丢弃，是指放弃固体废物的所有权或使用权，将其抛弃；遗撒，是指抛弃散失固体废物。需要注意的是，以上几种行为并非是绝对不允许的，比如，生活垃圾运输车将所运输的垃圾倒在垃圾填埋场，也属于倾倒行为，但这一行为是合法的。换言之，法律要禁止的，不是所有的倾倒、堆放等行为，而是那些违反有关法规、规章或标准，不按照规定的要求和程序擅自倾倒、堆放、丢弃、遗撒固体废物的行为。因此，判断是否违反本条的规定，应当结合有关法规、规章或技术操作规程进行具体分析。违反本条第1款规定的，根据工业固体废物、生活垃圾和危险废物等不同的固体废物类型，分别依照本法第68条、第74条、第75条的规定追究法律责任。

二 企业固体废物未申报登记案例

1. 实例分析

【案例五】Y集团宁夏Z分公司未履行申报登记

事件经过：2016年7月24日，银川市环保局对Y集团宁夏Z分公司进行现场检查，发现该单位实施了以下环境违法行为：该单位建设一座面积约28万平方米的灰渣场，执法人员对该灰渣场检查时发现渣场西南角围墙内侧堆存部分脱硫石膏（工业固体废物），经核查，该单位自2011年至今，将脱硫石膏转存于该渣场内用于加固四周围墙，一直未向环保部门履行工业固体废物申报登记。

处罚情况：根据《中华人民共和国固体废物污染环境防治法》（2016年版）第68条第1款“不按照国家规定申报登记工业固体废物，或者在申报登记时弄虚作假的”，由县级以上人民政府环境保护行政主管部门责令停止违法行为，限期改正，处以罚款。最终环保部门决定对Y集团宁夏Z分公司罚款3万元。

【案例六】湖州两公司未按规定申报登记工业固废案。

事件经过：2018年6月，湖州环境执法人员对湖州HX印染有限公司、XQN纺织有限公司开展检查，发现两单位未对生产过程中产生的污泥等一般固废进行申报登记，属“未按规定申报登记工业固废”的环境违法行为。

处罚情况：依据《中华人民共和国固体废物污染环境防治法》（2016年版）第68条第1款“不按照国家规定申报登记工业固体废物，或者在申报登记时弄虚作假的，限期改正，处以罚款”，南浔区环保局责令该单位立即改正违法行为，并分别处罚款人民币5万元。

2. “固体废物申报登记”法律责任

《中华人民共和国固体废物污染环境防治法》（2016年版）第32条规定：国家实行工业固体废物申报登记制度。产生工业固体废物的单位必须按照国务院环境保护行政主管部门的规定，向所在地县级以上地方人民政府环境保护行政主管部门提供工业固体废物的种类、产生量、流向、贮存、处置等有关资料。前款规定的申报事项有重大改变的，应当及时申报。

3. 法条解析

我国的环境保护法律都规定了排污申报登记制度。申报登记不仅有助于环境保护行政主管部门掌握本辖区工业固体废物产生和变化情况，开展监督管理工作，为加强科学决策奠定基础，同时也是其他环境保护法律制度顺利实施的前提，只有掌握了确切的工业固体废物产生状况，现场检查、污染事故报告等制度才有了实施的可能。可见，工业固体废物申报登记在工业固体废物污染环境防治工作中具有基础性的地位和作用。本条规定的具体内容包括：

1）申报登记的基本要求

根据本条第2款的规定，产生工业固体废物的单位，必须按照国务院环境保护行政主管部门的规定向所在地的县级以上地方人民政府环境保护行政主管部门提供工业固体废物的种类、产生量、流向、贮存、处置等有关资料。也就是说，所有在中华人民共和国领域内或者中华人民共和国管辖的其他海域内产生工业固体废物的企业事业单位，都应当进行申报登记。申报登记必须按照国务院环境保护行政主管部门的规定进行。1992年国家环保局发布了《排放污染物申报登记管理规定》，对申报登记制度的实施作了比较系统的规定。1997年国家环保局发布了《关于全面推行排污申报登记的通知》，2004年原国家环保总局又发布了《关于加强排污申报与核定工作的通知》，进一步推动了申报登记工作的开展。需要注意的是，本条规定只适用于一般工业固体废物，即未被列入《国家危险废物名录》或者根据国家规定的有关鉴别标准和方法判定不具有危险特性的工业固体废物，危险废物的申报在本法第53条另行作了规定，生活垃圾不适用申报登记制度。

2）申报登记的内容

（1）正常作业条件下的申报内容。根据本条第2款的规定，产生工业固体废物的单位，在正常作业条件下，应当向所在地的县级以上地方人民政府环境保护行政主管部门申报的内容包括工业固体废物的种类、产生量、流向、储存、处置等有关资料。由于申报登记是防治工业固体废物污染环境的基础性工作，它的根本目的是要环境保护行政主管部门掌握企业事业单位工业固体废物的产生和处理情况，为相关法律制度的顺利实施创造条件。因此，产生工业固体废物的单位必须如实申报正常作业条件下工业固体废物的种类、产生量、流向、储存、处置等有关资料。种类，是指产生的是哪些类型的工业固体废物，比如废金属、塑料、橡胶、化学药剂、砂石等，包括废物的名称、形态、来源、有害特性、主要有害成分等，都需要逐一申报登记。产生量，是指工业固体废物产生的多少，比如废金属，年产生多少吨。流向，是指所产生的工业固体废物的去向，包括多种情况，比如工业固体废物被综合利用、排放、转移等。以综合利用为例，本单位自行利用的，应当申报综合利用的工业固体废物名称、产生量、利用量、利用率、主要工艺方法、利用后产生的主要产品、利用后的剩余残渣数量、残渣的最终处置等情况；提供给外单位综合利用的，应当申报所提供的工业固体废物的名称、提供数量、接纳废物单位的名称和地址、废物的主要用途或生产产品名称、收取的费用、是否有长期合同关系、是否有接纳单位所在地环保部门的同意证明等情况。储存，是指将固体废物临时置于特定设施或者场所中，本单位自行贮存的，应当申报贮存的工业固体废物种类、数量、地点、占地面积以及污染防治措施等情况；委托外单位代为贮存的，应当申报代贮存的工业固体废物的名称、接纳单位名称、废物数量、需支付的费用、储存的地方、贮存的方式以及是否有接纳单位所在地环保部门的同意证明等情况。处置，是指符合本法第88条第6项规定的活动，本单位自行处置的，应当申报处置的工业固体废物数量、种类、处置方法、成本费用以及防止二次污染的主要措施等；委托外单位代为处置的，应当申报代处置的工业固体废物的名称、接纳单位名称、废物数量、需支付的费用、处置方法以及是否有接纳单位所在地环保部门的同意证明等情况。以上这些指标，都直接关系到固体废物污染环境的程度，必须如实申报。

（2）工业固体废物产生情况有重大改变时的申报内容。本条第3款规定，工业固体废物的种类、产生量、流向、贮存、处置等申报事项有重大改变的，应当及时申报。据此，只要工业固体废物各项申报事项的其中之一有重大改变的，都应当按照规定的程序申报。这里所指的“重大改变”，适用时应当注意两点，一是这种改变必须是重大的，轻微的或者在正常作业范围内的变动不在申报之列。如何判断是重大的，一般说来就是超过正常作业所可能产生的工业固体废物变动情况，且这种变动直接影响到各项指标的重大改变。二是这里所说的改变不一定仅仅针对污染加重的情形。如果企业采取了新技术或者将某些污染严重的设施停用了，产生的工业固体废物明显减少的，也应当及时申报。

（3）申报单位的义务。根据本条规定，产生工业固体废物的单位必须履行下列法定义务：一是如实申报。产生工业固体废物的单位进行申报时，必须如实申报法律规定的事项，不得拒报或者谎报。违反上述义务的，应当按照本法第68条的规定追究法律责任。二是及时申报。申报事项没有重大改变的，产生工业固体废物的单位应当定期申报；申报事项发生重大改变的，必须按照国务院环境保护行政主管部门的规定及时申报。

3）申报登记的程序

（1）一般程序。根据本条第2款规定，产生工业固体废物的单位必须向所在地县级以上地方人民政府环境保护行政主管部门申报，包括县级环保部门，不包括国务院环境保护行政主管部门。《排放污染物申报登记管理规定》对申报程序作了具体规定：①产生工业固体废物的单位必须按所在地县级以上地方人民政府环境保护行政主管部门指定的时间，填报《固体废物申报登记表》，并按要求提供必要的资料。新建、改建、扩建项目的申报登记工作，应当在项目的污染防治设施竣工并经验收合格后一个月内办理。②产生工业固体废物的单位必须如实填写《固体废物申报登记表》，经其行业主管部门审核后向所在地县级以上地方人民政府环境保护行政主管部门登记注册，领取申报登记注册证。产生工业固体废物的单位终止营业的，应当在终止营业后一周内向所在地县级以上地方人民政府环境保护行政主管部门办理注销登记，并交回申报登记注册证。

（2）特别程序。本条第3款规定，工业固体废物的种类、产生量、流向、贮存、处置等有关申报事项有重大改变的，应当及时申报。按照《排放污染物申报登记管理规定》的规定，产生工业固体废物的单位申报登记后，工业固体废物的种类、产生量、流向、贮存、处置等发生重大改变的，应当在变更前十五天，经行业主管部门审核后，向所在地县级以上地方人民政府环境保护行政主管部门履行变更申报手续，征得所在地环境保护行政主管部门的同意，填报变更申报登记表；发生紧急重大改变的，必须在改变后三天内向所在地环境保护行政主管部门提交变更申报登记表。发生重大改变而未履行变更申报手续的，视为拒报。

三 “固废场所被弃用”案例

1. 实例分析

【案例七】ZSH北京某单位闲置固废贮存场所被处罚

事件经过：北京市环保局于2017年8月16日对Z集团北京某单位进行了现场检查，发现该单位装过白油的空桶露天堆放，未存放于工业固体废物贮存场所，属于擅自闲置工业固体废物贮存场所。

处罚情况：上述行为违反了《中华人民共和国固体废物污染环境防治法》（2016年版）第34条的规定。北京市环保局依据《中华人民共和国固体废物污染环境防治法》（2016年版）第68条第4款的规定，责令ZSH北京某单位停止违法行为，限三日内改正，罚款2万元。

2. “固废场所被弃用”法律责任

《中华人民共和国固体废物污染环境防治法》（2016年版）第34条：禁止擅自关闭、闲置或者拆除工业固体废物污染环境防治设施、场所；确有必要关闭、闲置或者拆除的，必须经所在地县级以上地方人民政府环境保护行政主管部门核准，并采取措施，防止污染环境。

3. 法条解析

（1）禁止擅自关闭、闲置或者拆除工业固体废物污染环境防治设施、场所。

考虑到各种工业固体废物污染环境的防治设施、场所对防止造成环境污染的重要性，原则上是禁止关闭、闲置或者拆除的。以一般工业固体废物的贮存、处置场所为例，按照《一般工业固体废物贮存、处置场污染控制标准》，其选址、设计、运行管理等方面都必须符合该标准的要求。即使关闭或封场后，也应当采取一系列措施，继续加强维护管理，直到各项指标稳定为止。因此，有关工业固体废物的贮存、处置设施、场所建成后，就应当保持正常运行或使用。如果擅自关闭、闲置或拆除了，就可能造成地基下沉、滑坡、污染地下水等环境污染。这里所指的关闭，是指将工业固体废物污染环境防治设施、场所予以封闭，停止其运行；闲置，是指将工业固体废物污染环境防治设施、场所处在空闲的状态，不运行或不正常运行；拆除，是指将工业固体废物污染环境防治设施、场所整体或其核心部件拆毁，使其在空间、地理和实物上都不再存在或不能正常运行和使用。上述三种行为，都是法律所禁止的。

（2）关闭、闲置或拆除的核准。适用本条规定的核准的，必须满足以下要件：

①确有必要关闭、闲置或拆除。按照本条规定，工业固体废物污染环境防治设施或场所是禁止关闭、闲置或拆除的，但在一些特殊情况下。确有必要关闭、闲置或者拆除时，就应当履行本条规定的核准程序。所谓“确有必要”，通常是指一些特定的情形。在这些情况下，这些设施或场所没有继续存在或运行的必要。如果继续运行或使用下去，不仅可能无端地加重企业的经济负担，对防治工业固体废物污染环境也起不到什么作用。因此，将这些设施或场所关闭、闲置或拆除就是合理的。比如，工业固体废物的贮存场所服务期满，不能再继续贮存废物，在这种情况下，就应当予以关闭或拆除，否则容易造成所贮存的工业固体废物渗漏、扬散。再如，由于企业改进生产工艺，加大了废物回收利用的力度，致使需要处置的工业固体废物大量减少，原有的处置设施的处置能力得不到充分发挥，这种情况下，闲置或拆除部分处置设施就成为必要。总之，哪些情况属于“确有必要”的情形，要根据具体情况和有关法规的规定来判断。一个根本的原则是，即使关闭、闲置或拆除了该工业固体废物污染环境防治设施、场所，也不会造成环境污染。

②经所在地县级以上地方人民政府环境保护行政主管部门核准。按照本条规定，确有必要关闭、闲置或拆除工业固体废物污染环境防治设施或场所的，必须经所在地县级以上地方人民政府环境保护行政主管部门核准。据此，核准的部门是该设施或场所所在地的县级以上地方环境保护行政主管部门，包括县环保部门，不包括国家环境保护总局。所谓核准，本质上是指环保部门收到关闭、闲置或拆除的申请后，对有关情况进行审核批准。国家环保局1992年8月发布的《排放污染物申报登记管理规定》也规定，需要拆除或者闲置污染物处理设施的，必须提前向所在地环境保护部门申报，说明理由。环境保护部门接到申报后，应当在一个月内予以批复，逾期未批复的，视为同意。未经环保部门同意，擅自拆除或者闲置污染物处理设施未申报的，视为拒报。

③采取措施，防止污染环境。单位和个人经过环境保护行政主管部门核准关闭、

闲置或拆除工业固体废物污染环境防治设施后，还应当采取措施，防止工业固体废物或被关闭、闲置、拆除的污染防治设施、场所造成环境污染。比如，一般工业固体废物贮存、处置场所关闭后，应当封场，并继续维护和管理等。违反本条规定的，应当根据一般工业固体废物和危险废物的不同情况分别依照本法第68条和第75条的规定追究法律责任。

四 "生活垃圾未妥善处理问责"案例

1. 实例分析

【案例八】成都市双流区金桥镇某村违规堆放垃圾监管部门问责案件

事件经过：2017年9月以来，双流区金桥镇某村周边村民在收取费用后，非法接收大量外来建筑垃圾、工业废物和生活垃圾，并倾倒于舟渡村一处百亩大的区域，累计堆放量7300余吨，周边环境恶劣，群众反映强烈。

处罚情况：该村对违规倾倒垃圾问题隐瞒不报、制止不力，致使问题长期存在；金桥镇对属地长期违规倾倒垃圾问题失察，对群众反映问题重视不够、处置不力；双流区城管局、水务局、环保局履职不力，巡查监管不到位。为严肃法纪，根据《中华人民共和国固体废物污染环境防治法》（2016年版）第40条的规定，成都市及双流区决定对23名责任人实施问责。对双流区金桥镇党委书记唐某、镇长陈杨某等13名责任人分别给予免职、撤职或党纪政务处分。对双流区水务局党组成员李国某，环保局机关党委书记刘庆某等2人实施诫勉。对双流区政法委书记李杨某、宣传部长李某、组织部长王某、副区长兼公安分局局长肖某、副区长刘某等8人进行批评教育并责令作出书面检查。

【案例九】温岭市CD街道非法掩埋垃圾案件

事件经过：中央环保督察进驻期间，督察组两次交办温岭市CD街道鸡鸣寺廊沿河大量堆放垃圾且臭气扰民问题，但整改过程偷工减料，约5000立方米生活垃圾被就地掩埋，进一步造成环境污染。

处罚情况：温岭市城市新区管委会，CD街道党工委、办事处，综合行政执法局，环保局等单位对督察组交办问题整改情况把关不严，对企业垃圾清运过程协调监管不力。根据《中华人民共和国固体废物污染环境防治法》（2016年版）第74条的规定，经温岭市委常委会研究决定：给予城市新区管委会党工委书记、主任林国某党内警告处分，给予管委会党工委委员、副主任陆夫某撤销党内职务、政务撤职处分；给予城东街道党工委书记邵俊某党内警告处分，党工委副书记、办事处主任夏明某政务记过处分，党工委委员、办事处常务副主任梁敏某政务记大过处分，党工委委员、武装部长林国某政务记过处分；对城市新区管委会城市管理科科长童某等4人分别给予撤职处分、辞退处理或诫勉。另外，对涉嫌犯罪的宏顺运输有限公司法人张玲某和主要责任人张灵某依法实施刑事拘留。

2. “生活垃圾未妥善处理问责”法律责任

《中华人民共和国固体废物污染环境防治法》（2016年版）第40条规定：对城市生活垃圾应当按照环境卫生行政主管部门的规定，在指定的地点放置，不得随意倾倒、抛撒或者堆放。

《中华人民共和国固体废物污染环境防治法》（2016年版）第74条规定：违反本法有关城市生活垃圾污染环境防治的规定，有下列行为之一的，由县级以上地方人民政府环境卫生行政主管部门责令停止违法行为，限期改正，处以罚款：（一）随意倾倒、抛撒或者堆放生活垃圾的；（二）擅自关闭、闲置或者拆除生活垃圾处置设施、场所的；（三）工程施工单位不及时清运施工过程中产生的固体废物，造成环境污染的；（四）工程施工单位不按照环境卫生行政主管部门的规定对施工过程中产生的固体废物进行利用或者处置的；（五）在运输过程中沿途丢弃、遗撒生活垃圾的。单位有前款第（一）项、第（三）项、第（五）项行为之一的，处5千元以上5万元以下的罚款；有前款第2项、第4项行为之一的，处1万元以上10万元以下的罚款。个人有前款第1项、第5项行为之一的，处二百元以下的罚款。

3. 法条解析

城市生活垃圾，是指在城市中的单位和居民在日常生活或者为日常生活提供服务的活动中产生的固体废物。本条规定，对城市生活垃圾，任何在城市的单位和个人都应当按照环境卫生行政主管部门的规定，在指定的地点放置，不得随意倾倒、抛撒或者堆放。这里所说的在指定的地点放置，是指在环境卫生行政主管部门设置或者指定的城市生活垃圾收集设施、设备或场所内放置。本条规定所指的倾倒，是指倒转或倾斜容器使里面的生活垃圾出来；抛撒，是指将生活垃圾扔出去，使之散落；堆放，是指未经处置、成堆地将生活垃圾放置在一起。这几种行为都是不允许的。本条的规定只适用于城市生活垃圾。农村的生活垃圾按照本法第49条，已授权地方性法规作具体规定。对违反本条规定的，依照本法第74条追究法律责任。

第74条规定的违反本法有关城市生活垃圾污染环境防治的规定的行为，包括以下五种：

（1）随意倾倒、抛撒或者堆放生活垃圾的行为。这是针对违反本法第40条规定作出的，这条规定："对城市生活垃圾应当按照环境卫生行政主管部门的规定，在指定的地点放置，不得随意倾倒、抛撒或者堆放。"

（2）擅自关闭、闲置或者拆除生活垃圾处置设施、场所的行为。本法第44条第2款规定："禁止擅自关闭、闲置或者拆除生活垃圾处置的设施、场所；确有必要关闭、闲置或者拆除的，必须经所在地县级以上地方人民政府环境卫生行政主管部门和环境保护行政主管部门核准，并采取措施，防止污染环境。"擅自关闭、闲置或者拆除生活垃圾处置设施、场所，致使生活垃圾不能及时处置，造成环境污染，应当规定法律责任。

（3）工程施工单位不及时清运施工过程中产生的固体废物，造成环境污染的行为。这是针对违反本法第46条的规定作出的。

（4）工程施工单位不按照环境卫生行政主管部门的规定对施工过程中产生的固体废物进行利用或者处置的行为。本法第46条规定："工程施工单位应当及时清运工程施工过程中产生的固体废物，并按照环境卫生行政主管部门的规定进行利用或者处置。"建筑固体废物与一般的生活垃圾处置的方法、要求不同，应当按照规定进行利用、处置，否则造成资源浪费和环境污染。

（5）在运输过程中沿途丢弃、遗撒生活垃圾的行为。本法第17条规定，收集、贮存、运输、利用、处置固体废物的单位和个人，必须采取防扬散、防流失、防渗漏或者其他防止污染环境的措施；不得擅自倾倒、堆放、丢弃、遗撒固体废物。在运输过程中沿途丢弃、遗撒生活垃圾有的是故意的，有的是过失的行为，不管是否故意，都应按照本条规定追究法律责任。

根据本条规定，有上述5种行为之一的，由县级以上人民政府环境卫生行政主管部门责令停止违法行为，限期改正，处以罚款。县级以上人民政府环境卫生行政主管部门发现有上述5种行为之一的，以行政命令的方式责令违法行为人立即停止其违法行为，并要求违法行为人在一定期限内改正其违法行为。违法行为人在接到责令停止违法行为，限期改正的通知后，必须在规定期限内改正其违法行为。本条规定的行政处罚措施是罚款，罚款数额根据违法行为人的不同和违法行为的性质及危害程度的不同，分为三种：

一是单位有第（1）项、第（3）项、第（5）项行为之一的，即单位随意倾倒、抛撒或者堆放生活垃圾的，不及时清运施工过程中产生的固体废物，造成环境污染的，在运输过程中沿途丢弃、遗撒生活垃圾的，处5千元以上5万元以下的罚款；

二是单位有第（2）项、第（4）项行为之一的，即单位擅自关闭、闲置或者拆除生活垃圾处置设施、场所的，不按照环境卫生行政主管部门的规定对施工过程中产生的固体废物进行利用或者处置的，处1万元以上10万元以下的罚款。这一处罚比第（1）项、第（3）项、第（5）项罚款数额高，原因是这两项所列的违法行为危害更大，可能造成的后果更严重；

三是个人有第（1）项、第（5）项行为之一的，即个人随意倾倒、抛撒或者堆放生活垃圾或者在运输过程中沿途丢弃、遗撒生活垃圾的，处200元以下的罚款。罚款的具体数额，由县级以上人民政府环境卫生行政主管部门根据违法行为的轻重及造成后果的具体情况来确定。

五 “危险废物未设置标示”案例

1. 实例分析

【案例十】天津RYX模具制造公司危险废物的场所未设置危险废物标识案

事件经过：2018年9月25日武清县环保局环境执法人员对天津RYX模具制造有限公司进行执法检查，该单位主要从事模具制造业务，对该单位被委托人邱月进行调查询问，发现该单位南侧露天堆放有废油桶，属于危险废物（HW49），未设置危险废物识别标志。

处罚情况：根据《中华人民共和国固体废物污染环境防治法》（2016年版）第75条规定：“不设置危险废物识别标志的，由县级以上人民政府环境保护行政主管部门责令停止违法行为，限期改正，处1万元以上10万元以下的罚款。”最终环保部门对RYX模具制造公司处五万元罚款的行政处罚。

【案例十一】湖州DJL印染有限公司未设置危险废物识别标志案

事件经过：2018年6月7日，环境执法人员对湖州DJL印染有限公司开展检查，发现该单位危险废物堆放场所及危险废物包装袋、废机油桶等危险废物均未按照规定设置危险废物识别标志。

处罚情况：依据《中华人民共和国固体废物污染环境防治法》（2016年版）第75

条第1款第（一）项、第2款，吴兴区环保局责令该单位立即改正违法行为，并处罚款人民币6.4万元。

【案例十二】德清县SD化工有限公司未设置危险废物识别标志案

事件经过：2018年5月14日，环境执法人员对德清县SD化工有限公司开展检查，发现该单位危废贮存仓库设置不规范，危废仓库未封闭，废活性炭包装袋上未设置危险废物识别标志。

处罚情况：依据《中华人民共和国固体废物污染环境防治法》（2016年版）第75条第1款第（一）项、第2款，德清县环保局责令该单位立即改正违法行为，并处罚款人民币6.4万元。

2. “危险废物未设置标示”法律责任

《中华人民共和国固体废物污染环境防治法》（2016年版）第75条规定：违反本法有关危险废物污染环境防治的规定，有下列行为之一的，由县级以上人民政府环境保护行政主管部门责令停止违法行为，限期改正，处以罚款：（一）不设置危险废物识别标志的；（二）不按照国家规定申报登记危险废物，或者在申报登记时弄虚作假的；（三）擅自关闭、闲置或者拆除危险废物集中处置设施、场所的；（四）不按照国家规定缴纳危险废物排污费的；（五）将危险废物提供或者委托给无经营许可证的单位从事经营活动的；（六）不按照国家规定填写危险废物转移联单或者未经批准擅自转移危险废物的；（七）将危险废物混入非危险废物中贮存的；（八）未经安全性处置，混合收集、贮存、运输、处置具有不相容性质的危险废物的；（九）将危险废物与旅客在同一运输工具上载运的；（十）未经消除污染的处理将收集、贮存、运输、处置危险废物的场所、设施、设备和容器、包装物及其他物品转作他用的；（十一）未采取相应防范措施，造成危险废物扬散、流失、渗漏或者造成其他环境污染的；（十二）在运输过程中沿途丢弃、遗撒危险废物的；（十三）未制定危险废物意外事故防范措施和应急预案的。有前款第1项、第2项、第7项、第8项、第9项、第10项、第11项、第12项、第13项行为之一的，处1万元以上10万元以下的罚款；有前款第3项、第5项、第6项行为之一的，处2万元以上20万元以下的罚款；有前款第4项行为的，限期缴纳，逾期不缴纳的，处应缴纳危险废物排污费金额一倍以上三倍以下的罚款。

3. 法条解析

根据本条规定，承担行政法律责任的行为包括：不设置危险废物识别标志的行为。本法第52条规定："对危险废物的容器和包装物以及收集、贮存、运输、处置危险废物的设施、场所，必须设置危险废物识别标志。"不设置危险废物识别标志的，应当承担法律责任。

第52条规定，识别标志的适用即必须使用、设置的对象，包括器物和设施场地两个方面。器物包括了容纳、放置、装载、覆盖危险废物的容器和包装物。设施和场所包括收集、贮存、运输、处置的工具、设备、设施、场地等，如收集危险的工具、器物，运输工具，堆放、转运或暂贮场所，危险废物接收或处理、处置设施、场所等。凡在本条所规定范围之列的容器和包装物以及设施、场所等，都必须执行有关危险废物识别标志的规定，依要求使用、悬挂、粘贴、设置与废物性质和类别相应的识别标志。除了前述《环境保护图形标志—固体废物贮存（处置）场》（GB 15562.2—1995）对固体废物贮存、处置场的标志作了规定外，其他一些规范性文件也对设置危险废物标志作了规定。例如《危险废物安全填埋处置工程建设技术要求》规定，安全填埋场运作场地入口处应设一定数量的光字牌，标明危险字样，牌子必须从7米远处清晰可见。2001年原国家环保总局关于发布《危险废物污染防治技术政策》的通知明确规定："装运危险废物的容器应根据危险废物的不同特性而设计，不易破损、变形、老化，能有效地防止渗漏、扩散。装有危险废物的容器必须贴有标签，在标签上详细标明危险废物的名称、重量、成分、特性以及发生泄漏、扩散污染事故时的应急措施和补救方法。"《医疗废物专用包装物、容器标准和警示标识规定》（2003年原国家环保总局、原卫生部发布）规定，医疗废物包装袋的颜色为黄色，并有盛装医疗废物类型的文字说明，如盛装感染性废物，应在包装袋上加注"感染性废物"字样；容器盒整体颜色为黄色，在盒体侧面注明"损伤性废物"；包装袋、容器盒、周转箱（桶）上均应印制医疗废物警示标识。根据本法第75条规定，不设置危险废物识别标志的，由县级以上人民政府环境保护行政主管部门责令停止违法行为，限期改正，处以处1万元以上10万元以下的罚款。

六 企业未制定申报危废管理计划案例

1. 实例分析

【案例十三】汽车公司危废管理计划缺失

事件经过：2018年6月22日，福州市环境保护局执法人员对福州某汽车维修服务有限公司开展日常巡查中发现，该公司维修车间正在生产，配套建成烤漆房1间，烤漆房电源接通，地板格栅上有漆渣，地板格栅下有水封及过滤棉。该公司出示的2018年危险废物管理计划只列示危险废物HW08废矿物油一项，未能出示喷漆房废过滤棉及喷漆房漆渣近五年的危险废物管理计划、转移联单及处置合同等相关危险废物管理材料。

处罚情况：该公司所产生的废过滤棉及漆渣（危废代码：900-041-49；900-252-12），未按照国家规定申报登记危险废物，违反了《中华人民共和国固体废物污染环境防治法》（2016年版）第53条的规定，依据《中华人民共和国固体废物污染环境防治法》（2016年版）第75条第2项的规定，福州市环境保护局依法处以罚款2万元并责令其5个工作日内完成危险废物申报登记。

事件启示：产生危险废物的单位，必须按照国家有关规定制定危险废物管理计划，并向所在地县级以上地方人民政府环境保护行政主管部门申报危险废物的种类、产生量、流向、贮存、处置等有关资料，否则，将受到环保部门的行政处罚。

2.“未制定并申报计划”法律责任

《中华人民共和国固体废物污染环境防治法》（2016年版）第53条：产生危险废物的单位，必须按照国家有关规定制定危险废物管理计划，并向所在地县级以上地方人民政府环境保护行政主管部门申报危险废物的种类、产生量、流向、贮存、处置等有关资料。

3. 法条解析

对危险废物的管理不能像一般固体废物一样，需要对危险废物的产生、收集、贮存、运输、利用、处理、处置等各个环节进行监控。本次修订在1995年固体废物污染环境防治法规定的危险废物实施申报登记管理的基础上，又增加了对产生危险废物的单位制定危险废物管理计划的要求，其目的是促使有关企业加强对危险废物的管理，便于环保部门的监督管理。

危险废物管理计划是由产生危险废物的单位按照国家有关规定制定的。哪些“产生危险废物的单位”应当制定危险废物管理计划，应按照国家有关规定执行。危险废物管理计划的内容包括减少危险废物产生量和危害性的措施以及危险废物贮存、利用、处置措施，这些措施的制定应当符合危险废物的有关国家标准、技术要求。危险废物管理计划制定后还应当报产生危险废物的单位所在地县级以上地方人民政府环境保护行政主管部门备案，有关环保部门应当进行备案审查。产生危险废物的单位制定危险废物管理计划的同时，还应向所在地县级以上地方人民政府环境保护行政主管部门进行申报登记，申报的内容包括危险废物的种类、产生量、流向、贮存、处置等有关资料。对于人们日常生活中使用某种产品可能产生数量较少或危害极小的危险废物，可不进行申报登记，但要妥善处置，防止污染环境和危害人体健康。危险废物申报登记应按照“国家有关规定”进行。根据本法规定，不按照国家规定申报登记危险废物，或者在申报登记时弄虚作假的，由县级以上人民政府环境保护行政主管部门责令停止违法行为，限期改正，处以1万元以上10万元以下的罚款。

“产生危险废物的单位”及其危险废物的有关情况是动态变化的，若发展到危险废物申报事项或者危险废物管理计划内容“有重大改变的”，应当及时向原申报机关即有关县级以上地方人民政府环境保护行政主管部门申报“有重大改变的”的情况，以便环保部门及时掌握危险废物管理的变化情况，做好监督管理工作。这里讲的“有重大改变的”如何判断，应按国家有关规定执行。

七 危废混合存放案例

1. 实例分析

【案例十四】福州运输公司危险废物混放

事件经过：2018年8月3日，福州市环境保护局执法人员对福建省某运输有限公司进行调查，发现该公司维修车间南侧外墙处一水泥平台上见有大面积黑色油渍，台上凌乱地堆放有白色泡沫、纸盒、空气滤芯和装有废机油的塑料桶。装有废机油的塑料桶属于危险废物，福建省某运输有限公司将装有废机油的塑料桶与泡沫、纸盒、空气滤芯堆放在一起，构成将危险废物混入非危险废物中贮存的环境违法行为。

处罚情况：该公司违反了《中华人民共和国固体废物污染环境防治法》（2016年版）第58条的规定。依据《中华人民共和国固体废物污染环境防治法》（2016年版）第75条第7项的规定，福州市环境保护局依法处以人民币5万元整罚款，并责令改正。

事件启示：产生危险废物的单位，必须按照国家有关规定处置危险废物，不得擅自倾倒、堆放，禁止将危险废物混入非危险废物中贮存，否则，将受到环保部门的行政处罚。

2. “危废混合存放”法律责任

《中华人民共和国固体废物污染环境防治法》（2016年版）第58条：收集、贮存危险废物，必须按照危险废物特性分类进行。禁止混合收集、贮存、运输、处置性质不相容而未经安全性处置的危险废物。

3. 法条解析

1）关于危险废物分类管理

收集、贮存危险废物，必须按照危险废物特性分类进行。危险废物依其危险特性的不同而分为不同的种类，如毒害性（含急性毒性、浸出毒性等）、爆炸性、易燃性、腐蚀性、传染性、化学易反应性等。因此，对于不同种类的危险废物，必须根据其特性，实施适合其特性的污染防治要求，采取不同的污染防治措施，即采取"因废制宜，分类控制"的污染防治原则。如果对性质相异的各类危险废物均采取相同的污染防治措施，则可能不仅不能有效控制污染，反而可能会扩大或加重污染危害。实践证明，经过明确分类的废弃物比没经分类的废弃物相对来说比较好处置。例如，使用过的烃类物质还可以作为燃料，借以获取生产或生活所需的能量。但是如果在含烃类物质的废弃物中混杂了不少含有机氯的物质后，燃烧时会有氯化氢的污染。如将这样的废弃物作为燃烧物，只能在特殊处理的焚烧炉内销毁。本条根据危险废物的这种特性相异的特点及其导致的污染防治的需要，规定："收集、贮存危险废物，必须按照危险废物特性分类进行。"

危险废物的分类通常有两种：

一是按危险废物有害特性分类。按危险废物有害特性分类，可分六种：易燃性、反应性、腐蚀性、爆炸性、浸出毒性及急性素性。《控制危险废物越境转移及其处置巴塞尔公约》的附件三根据危险废物有害特性将危险废物特性的等级分为：等级1为爆炸物；等级3为易燃液体；等级4.1为易燃固体；等级4.2为易于自燃的物质或废物；等级5.1为本身不一定可燃，但通常可因产生氧气而引起或助长其他物质的燃烧的物质；等级5.2为有机过氧化物；等级6.1为毒性（急性）；等级6.2为传染性物质；等级8为腐蚀性物质；等级9（H10）为同空气或水互相作用后可能释放危险量的有毒气体的物质或废物同空气或水接触后释放有毒气体；等级9（H11）为毒性（延迟或慢性）；等级9（H12）为生态毒性；等级9（H13）为经处置后能以任何方式产生具有上列任何特性的另一种物质，如浸漏液。

二是按废物有害成分的分子内部结构分类。通常危险废物可分为有机废物和无机废物。有机物中同系物或衍生物，可分成一类，原因是他们的处置方法可能相似。无机废物可以分为单质（废物主体为单质）和化合物（废物主体为化合物）两类。

禁止混合收集、贮存、运输、处置性质不相容而未经安全性处置的危险废物。对危险废物实施分类管制，并非单纯地、绝对地将各类危险废物在任何条件下、在任何环节中都截然分开管制。实际上，有些危险废物是可以同其他危险废物混合在一起收集、贮存、运输或处置的，以利用其各自不同的特性，使其在混合过程中相互发生性质转化，使危险废物转化为一般固体废物，或使危险特性较大较活跃（如浓度较高或危险组分较多等）的危险废物转化为危险特性相对较小较稳定的（如减低浓度或减少危险组分等）危险废物，或使危险废物的体积减小等。这种混合是有利于危险废物污染防治要求的，也是简便和成本较低的污染防治措施，因此是必要的。但是，这种混合不能盲目进行，并不是所有的危险废物均可以进行混合。混合必须要遵循科学的原理，符合科学的条件，采取科学的方式，必须是以不产生新的危险性质更为严重的危险废物、不会导致更为严重的污染为前提，必须是符合环境保护要求的安全性混合。特别是对于性质不相容的危险废物，在进行混合收集、贮存、运输或处置前，必须经过安全性处理、处置。如果不采取安全性混合，就可能会使一般废物转化为危险废物，或使危险废物的危害性质更为强烈、严重，或产生新的或更为严重污染环境的危险废物，甚至产生爆炸事故、火灾或其他严重事故。因此，必须对危险废物的混合施以必要的严格的限制，提出“事前安全处理、处置”的要求。根据本法规定，未经安全性处置，混合收集、贮存、运输、处置具有不相容性质的危险废物的，由县级以上人民政府环境保护行政主管部门责令停止违法行为，限期改正，处1万元以上10万元以下的罚款。

2）对贮存危险废物的要求

根据本条规定，贮存危险废物必须采取符合国家环境保护标准的防护措施。这里的“国家环境保护标准”是指《危险废物贮存污染控制标准》（GB 18597—2001），一般要求有：①所有危险废物产生者和危险废物经营者应建造专用的危险废物贮存设施，也可利用原有构筑物改建成危险废物贮存设施；②在常温常压下易爆、易燃及排出有毒气体的危险废物必须进行预处理，使之稳定后贮存，否则，按易爆、易燃危险品贮存；③在常温常压下不水解、不挥发的固体危险废物可在贮存设施内分别堆放；④除第③项规定外，必须将危险废物装入容器内；⑤禁止将不相容（相互反应）的危险废物在同一容器内混装；⑥无法装入常用容器的危险废物可用防漏胶袋等盛装；⑦装载液体、半固体危险废物的容器内须留足够空间，容器顶部与液体表面之间保留100毫米以上的空间；⑧医院产生的临床废物，必须当日消毒，消毒后装入容器。常温下贮存期不得超过一天，于5摄氏度以下冷藏的，不得超过7天；⑨盛装危险废物的容器上必须粘贴符合本标准附录A所示的标签；⑩危险废物贮存设施在施工前应做环境影响评价。此外，该标准还对危险废物的包装、贮存设施的选址、设计、运行、安全防护、监测和关闭等作了要求，例如要求危险废物贮存容器要符合以下条件：①应当使用符合标准的容器盛装危险废物；②装载危险废物的容器及材质要满足相应的强度要求；③装载危险废物的容器必须完好无损；④盛装危险废物的容器材质和衬里要与危险废物相容（不相互反应）；⑤液体危险废物可注入开孔直径不超过70毫米并有放气孔的桶中。

针对危险废物处置工作中面临的处置设施不足、长期贮存不处置问题，这次修订在危险废物管理措施方面增加了危险废物贮存时间的限制的内容，即贮存危险废物不得超过一年，确需延长期限的，必须报经原批准经营许可证的环境保护行政主管部门批准。法律、行政法规另有规定的除外。贮存，是指将固体废物临时置于特定设施或者场所中的活动。由于大量危险废物处于临时贮存状态，已经导致一些地区的危险废物对土壤造成严重污染，有的地方已出现引发公害病的苗头。

3）禁止将危险废物混入非危险废物中贮存

将危险废物混入非危险废物中贮存，实质上是采取稀释的方式贮存危险废物，其结果是非但未减少或减轻废物的危险性质、数量、体积，反倒会使非危险废物转化为危险废物，从而增加了危险废物的数量、增大了其体积，使污染防治更为复杂和困难，并未达到污染防治的目的。因此，这种行为是违法行为，必须予以禁止。将危险废物混入非危险废物中贮存的，由县级以上人民政府环境保护行政主管部门责令停止违法行为，限期改正，处2万元以上20万元以下的罚款。

八 “危废非法处置”案例

1. 实例分析

【案例十五】阳泉市郊区人民检察院办理的赵某污染环境立案监督案

事件经过：被告人赵某，系阳泉市郊区某废品收购站经营者，自2016年8月至2017年3月期间，违反国家规定，在未取得任何环保手续，无危险废物经营许可证的情况下收购大量废旧的机油桶，并自行对油桶进行拆解，拆解过程中未采取有效防渗措施，部分废油倾倒至厂区渗坑内，部分废油随雨水流至厂区外水渠，部分渗入土壤，对环境造成了污染。经山西省环境污染损害司法鉴定中心鉴定，该收购站非法倾倒的油状物质确属危险废物，共计造成公私财产损失180余万元，后果严重。

处罚情况：该案中涉案人员违反《中华人民共和国固体废物污染环境防治法》（2016年版）第77条规定，2017年6月27日，赵某因涉嫌污染环境罪被郊区公安分局刑事拘留，同年7月3日被逮捕。2017年12月25日，赵某被郊区人民法院判处有期徒刑4年，罚金5万元。

【案例十六】长治市郊区人民检察院办理的岳某某非法收购、处置废矿物油桶立案监督案

事件经过：2017年6月至2017年11月25日，长治市郊区大辛庄镇某庄村岳某某经营的利占润滑油销售部在未取得危险废物经营许可资质的情况下，违法收购、处置废矿物油桶16.998吨。2017年12月26日，经山西省环境污染损害司法鉴定中心鉴定，利占润滑油销售部非法收购的空铁油桶（含拆解后的铁油桶盖）和空塑料油桶属于原国家环境保护部《国家危险废物名录》（2016版）（部令第39号）中列明的危险废物，废物代码为“HW49-900-041-49”，非法收购的铁油桶内的黑褐色液态油状物质属于原国家环境保护部《国家危险废物名录》（2016版）（部令第39号）中列明的危险废物，废物代码为“HW08-900-249-08”。

处罚情况：2017年12月，长治市郊区检察院在工作中发现大辛庄镇某村岳某某经营的润滑油销售部有违反《中华人民共和国固体废物污染环境防治法》（2016年版）第77条规定的行为，认为岳某某的行为可能涉嫌污染环境罪，遂将该案列为立案监督案件。2018年6月21日，以岳某某构成污染环境罪依法提起公诉。同年12月25日，岳某某被法院判处有期徒刑1年6个月，并处罚金5000元。

事件启示：该案系一起典型的立案监督案件。被告人违反国家规定，在利益驱动下，在未取得危险废物经营许可资质的情况下，非法收购、处置废矿物油桶，严重污染环境，理应受到法律严惩。

【案例十七】被告人邓文某等污染环境案（无危废处置资质）

事件经过：2016年2月起，被告人邓文某在未取得相关资质的情况下收购HW11精（蒸）馏残渣（俗称煤焦油），运输至其位于四川省眉山市东坡区的厂房内进行加热处理、分装和转卖。期间还雇佣被告人邓卫某、邓良某、马成某协助其运输、加热和分装。2016年7月，眉山市东坡区环境保护局进行查处后，邓文某等人仍未停止煤焦油的加工。2017年1月，眉山市东坡区相关行政主管部门联合执法，从加工点现场查扣处理设备、煤焦油及其提炼产品453.08吨。另有200余吨煤焦油已被邓文某加工转卖。四被告人自动投案后，均能如实供述全部或者大部分犯罪事实。

处罚情况：四川省眉山市中级人民法院一审认为，被告人邓文某等违反《中华人民共和国固体废物污染环境防治法》（2016年版）第77条规定，严重污染环境，构成污染环境罪。邓文某非法处置危险废物100吨以上，后果特别严重。根据各人在共同犯罪中的作用、自首等情节，以污染环境罪判处邓文平有期徒刑3年2个月，并处罚金30000元；判处邓卫某、邓良某、马成某8个月到2年不等有期徒刑，8个月到2年不等缓刑考验期，并处8000元到20000元不等罚金；禁止邓卫某、邓良某、马成某在缓刑考验期内从事与煤焦油加工销售相关的活动。

事件启示：本案系非法处置危险废物引发大气污染刑事案件，人民法院在案件裁判方式上进行了有益探索和创新，体现了打击污染环境犯罪、助力打赢蓝天保卫战的态度和决心。近年来，长江流域的区域性雾霾、酸雨态势长期持续，人民法院需要充分发挥环境资源刑事审判的惩治和教育功能，依法审理长三角、成渝城市群等重点区域的大气污染防治案件，严惩重罚大气污染犯罪行为。本案中，邓文某等人无危险废物处置资质，加工设备和工序未得到行政监管部门的验收认可，在加工煤焦油过程中存在大量有毒有害物质未经处理直接排放入大气的情形。一审法院结合四被告人犯罪行为和自首情节在判处相应刑罚的同时，考虑到危险废物处置的专业性和处置不当可能造成的社会危害性，判决邓卫某、邓良某、马成某在缓刑考验期内禁止从事与煤焦油加工销售相关的活动，体现了环境资源审判预防为主的理念。

【案例十八】男子非法提炼成品燃料油

事件经过：2015年10月至2016年1月7日间，被告人张和某在未取得危险废物经营资质的情况下，收集轮船维修和车辆维修厂的废弃机油，通过所购买的简易加工设备进行蒸馏和提存，非法从事废机油提炼成品燃料油业务。其间，张和某雇佣工人共提炼出105吨成品燃料油，全部销售给连江渔船客户，获利约人民币63000元，并将生产过程中产生的废矿物油直接排入一处未采取任何环保治理措施的外部环境。案件审理期间，张和某从有资质修复企业中自行选择修复企业直接签订生态修复协议，出资委托福清市发强特种油有限公司处置厂内剩余的50余吨机油，并退出所有非法所得。

处罚情况：法院认为，被告人张和某违反《中华人民共和国固体废物污染环境防治法》（2016年版）第77条规定，非法处置危险废物105吨，严重污染环境，其行为已构成污染环境罪，依法判处其有期徒刑1年3个月，并处罚金人民币12万元，退出的非法所得人民币63000元依法予以没收，上缴国库。

事件启示：废机油是机油润滑机械工具的过程中，变质为芳香族类的有机酸、重金属等有毒物质，会干扰人类造血和神经系统，导致一系列严重疾病，属危废名录中的废矿物油。本案的审判，对污染企业和个人依法生产、规范经营具有重要的警示作用。

【案例十九】被告人董传某等19人污染环境案（无危废处置资质导致死人）

事件经过：2015年2月，被告人董传某将应由黄骅市JD化工有限公司处置的废碱液交由没有资质的被告人刘海某处置。后刘海某联系被告人刘永某租用被告人李桂某停车场场地，挖设隐蔽排污管道，连接到河北省蠡县城市下水管网，用于排放废碱液。2015年2～5月，董传桥雇佣被告人石玉某等，将2816.84吨废碱液排放至挖设的排污管道，并经案涉暗道流入蠡县城市下水管网。同时，从2015年3月起，被告人高光某等明知被告人娄某无废盐酸处置资质，将回收的废盐酸交由娄某处置。娄某又将废盐酸交由无资质的被告人张某等人处置。张某、段青某等人又联系李桂某，商定在其停车场内经案涉暗道排放废盐酸。2015年5月16～17日，石玉某等人经案涉暗道排放100余吨废碱液至城市下水管网。同月18日上午，张某等人将30余吨废盐酸排放至案涉暗道。下午1时许，停车场及周边下水道大量废水外溢，并产生大量硫化氢气体，致停车场西侧经营饭店的被害人李某被熏倒，经抢救无效死亡。经鉴定，本案废碱液与废盐酸结合会产生硫化氢，并以气体形式逸出；李某符合因硫化氢中毒死亡。

处罚情况：河北省蠡县人民法院一审认为，案涉废碱液、废盐酸均被列入《国家危险废物名录》，属危险废物。被告人董传某等违反《中华人民共和国固体废物污染环境防治法》（2016年版）第77条规定，非法处置、排放有毒物质，严重污染环境。其行为均已构成污染环境罪。董传某等人非法排放废碱液，娄某等人非法排放废盐酸，均对李某硫化氢中毒死亡这一结果的发生起到了决定性的作用，应对李某的死亡结果承担刑事责任。根据各被告人的犯罪事实、情节和社会危害性，一审法院判决被告人董传某等犯污染环境罪，判处有期徒刑七年至二年不等，并处罚金。河北省保定市中级人民法院二审对一审刑事判决部分予以维持。

事件启示：本案系污染环境致人死亡案件。危险废物具有腐蚀性、毒性、易燃性、反应性、感染性等危险特性，收集、贮存或处置不当，不仅严重威胁生态环境安全，更可能直接危及人体健康甚至生命。近年来，非法处置危险废物现象屡禁不绝，环境风险日益凸显。面对环境污染犯罪呈现的大幅增长态势，坚持最严格的环保司法制度、最严密的环保法治理念，加大对环境污染犯罪的惩治力度，服务保障打好打赢污染防治攻坚战，是人民法院审判工作的重要职责。本案中，被告人董传某等挖设隐蔽排污管道，将废碱液排放至城市下水管网，被告人张某等利用同一暗道排放废盐酸，造成一人死亡的特别严重后果。人民法院全面贯彻宽严相济刑事政策，充分发挥环境资源刑事审判的惩治和教育功能，结合各被告人犯罪事实、情节和社会危害性，依法认定提供、运输、排放、倾倒、处置等环节各被告人的刑事责任，从重判处刑罚。本案的审理和判决对于斩断危险废物非法经营地下产业链条、震慑潜在的污染者具有典型意义。

【案例二十】太原万柏林区人民检察院办理的赵某某等四人非法收购、处置废旧蓄电池案

事件经过：2017年8月，被告人赵某某在太原市万柏林区大井峪太西货场租赁一间120多平方米的库房，伙同被告人张某某非法大肆收购废旧蓄电池牟利，并雇佣被告人张燕某对收购的废旧电池进行过磅、拆解后，将含铅的电池废液倾倒在厂房内私自设置的渗坑内，该渗坑连接有暗管，电池废液通过暗管排向了厂房后的水渠内。被告人赵某某将非法处置的废旧蓄电池销往晋中、吕梁等地用于非法炼铅。被告人赵某某、张某某、张燕某非法处置《国家危险废物名录》（2016）中的HW31类废物（废物代码：421-001-31），经委托太原晶通传感计控有限公司计量，现场查获的废含铅蓄电池总重25.164吨，其中开孔拆解的9.182吨；该团伙拆解废旧电瓶产生的废酸属于有毒危险物质，且通过渗坑和暗管偷排。经委托太原市环境监测中心进行仲裁检测，结论为：太西集运站院内废旧电池拆解厂废液池所测项目均超标，其中总铅、总镉超标倍数分别为43.5和2.5。

2017年8月以来，被告人张某某与被告人赵某某合作经营非法蓄电池拆解点，张某某同时也大量收购废旧蓄电池销售给赵某某，并在该电池拆解点过磅、拆解、倾倒废蓄电池废酸液。自2017年12月13日以来，张某某共销售给赵某某含铅废蓄电池12503千克，其中已拆解的、含电解液的蓄电池为534千克。

2017年10月以来，被告人宫某某明知赵某某等人无资质拆解处置废旧蓄电池，在其本人也无任何资质的情况下，大量收购废旧蓄电池销售给赵某某牟利。自2017年12月13日以来，宫某某共销售给赵某某含铅废蓄电池14927千克，其中已拆解的、含电解液的蓄电池为351千克。

处罚情况：该案由太原市万柏林区检察院于2018年7月12日以赵某某等四人构成污染环境罪提起公诉，2018年8月23日，万柏林区人民法院作出一审判决，认定赵某某、张某某、张燕某、宫某某四人均违反《中华人民共和国固体废物污染环境防治法》（2016年版）第77条规定，构成污染环境罪，判处赵某某有期徒刑一年二个月，并处罚金人民币3万元；张某某有期徒刑一年，并处罚金人民币2万元；张燕某有期徒刑一年，并处罚金人民币2万元；宫某某有期徒刑9个月，并处罚金人民币5千元。

事件启示：该案系打击非法转移倾倒处置危险废物犯罪的典型案件。被告人在未经任何部门的审批下，形成非法收购、拆解、提炼、加工、销售等一条龙污染环境犯罪网络，生产过程中未采取任何污染防治措施，对环境造成了严重污染。

【案例二十一】仇胜某等犯污染环境罪案（无资质处置医疗垃圾）

事件经过：2015年至2016年4月7日期间，被告人仇胜某、霍增某在没有取得经营许可证的情况下从事输液袋及一次性注射器等废物的破碎加工工作。被告人仇胜某、霍增某从被告人葛水某、霍七某、王正某、戴爱某、黄英某、仇许某等人处购买了混有棉签、一次性输液器、一次性注射器等感染性废物的输液袋进行破碎。被告人葛水某又从被告人胡贤某、付望某处收购混有感染性废物的输液袋；被告人霍七某又从被告人胡炳某处收购混有感染性废物的输液袋；被告人葛水某、霍七某再将这些输液袋转卖给被告人仇胜某。被告人仇胜某、霍增某将收购来的输液袋及一次性注射器等废物进行破碎加工后将破碎料卖给被告人高学某，共计140多吨。

处罚情况：汨罗市人民法院认为，被告人仇胜某、霍增某非法收集处置使用过的一次性使用注射器、一次性使用输液器、输液袋、医用针头，经汨罗市环保局鉴定属于危险废物，认定为“有毒物质”。被告人仇胜某、霍增某、高学某违反《中华人民共和国固体废物污染环境防治法》（2016年版）第77条规定，处置有毒物质，严重污染环境，三被告人的行为均已构成污染环境罪；被告人王正某、戴爱某、葛水某、霍七某、胡炳某、黄英某、胡贤某、付望某、仇许某明知他人无危险废物经营许可证，而向其提供危险废物，严重污染环境。据此，法院认为各被告人的行为均构成污染环境罪，且系共同犯罪，各被告人分别被判处一年十个月到三个月不等的有期徒刑，并处罚金人民币5万元至4千元不等。宣判后，各被告人未提出上诉，检察机关未提出抗诉。

事件启示：医疗废物属于危险废物，随意丢弃、处置、买卖医疗废物，极有可能污染大气、水源、土地以及动植物，造成疾病感染和传播，严重危害环境和人民生活健康。《中华人民共和国刑法》第338条规定："违反国家规定，排放、倾倒或者处置有放射性的废物、含传染病病原体的废物、有毒物质或者其他有害物质，严重污染环境的，处三年以下有期徒刑或者拘役，并处或者单处罚金"；《最高人民法院、最高人民检察院关于办理环境污染刑事案件适用法律若干问题的解释》第1条第2项规定："非法排放、倾倒、处置危险废物三吨以上的，应当认定为严重污染环境"。本案各被告人在没有取得许可证的情况下，非法处置危险废物140多吨，严重污染环境，给公众健康带来极大隐患，法院依据本案的犯罪事实分别对各被告人判处相应实刑，并处罚金，充分体现了刑罚的威严和震慑作用。本案的查处暴露了医疗卫生机构在医疗垃圾管理、处置方面的漏洞以及环保行政部门在医疗废物收集、处置等多个环节的监督管理缺位，司法介入对于有效完善医疗废物处置的监督和管理有重要的引领作用，实现了司法裁判的社会治理功能。

【案例二十二】贵州HT化工有限责任公司及被告人张正某、赵某污染环境案（名为运输实为违法转移）

事件经过：被告单位贵州HT化工有限责任公司（以下简称"HT公司"），经营范围为重晶石开采和硫酸钡、碳酸钡、硝酸钡生产销售等。被告人张正某自2014年起任HT公司副总经理兼办公室主任，协助总经理处理全厂日常工作。被告人赵某自2014年起任HT公司环保专员，主管环保、消防等工作。

HT公司主要业务之一为生产化工原料碳酸钡，生产产生的废渣有氮渣和钡渣。氮渣属一般废弃物，钡渣属危险废物。HT公司在贵州省紫云自治县猫营镇大河村租赁土地堆放一般废弃物氮渣，将危险废物钡渣销往有危险废物经营许可证资质的企业进行处置。2014年底，因有资质企业经营不景气，加之新的环境保护法即将实施，对危险废物管理更加严格，各企业不再向HT公司购买钡渣，导致该公司厂区内大量钡渣留存，无法处置。被告人张正某、赵某在明知钡渣不能随意处置的情况下，通过在车箱底部垫钡渣等方式在氮渣内掺入钡渣倾倒在氮渣堆场，并且借安顺市某环保砖厂名义签署工业废渣综合利用协议，填写虚假的危险废物转移联单，应付环保行政主管部门检查。2015年10月19～23日，原国家环境保护部西南督查中心联合贵州省环保厅开展危险废物污染防治专项督查过程中，查获HT公司的违法行为。经测绘，HT公司废渣堆场堆渣量为72194立方米，废渣平均密度为1250千克/立方米，堆渣量达90242.5吨。经对堆场废渣随机抽取的50个样本进行检测，均检出钡离子，其中两个样本检测值超过100mg/L。

处罚情况：本案由贵州省安顺市平坝区人民检察院以被告单位HT公司及被告人赵某犯污染环境罪向贵州省安顺市平坝区人民法院提起公诉，后又以被告人张正某犯污染环境罪向安顺市平坝区人民法院追加起诉。2017年11月23日，贵州省安顺市平坝区人民法院依法作出判决，认定被告单位HT公司犯污染环境罪，判处罚金100万元；被告人张正某犯污染环境罪，判处有期徒刑3年，缓刑3年，并处罚金2千元；被告人赵某犯污染环境罪，判处有期徒刑3年，缓刑3年，并处罚金2千元。判决已生效。

事件启示：准确认定非法排放、倾倒、处置行为是办理环境污染刑事案件中的重点问题。司法实践中认定非法排放、倾倒、处置行为时，应当根据法律和司法解释的有关规定精神，从其行为方式是否违反国家规定或者行业操作规范、污染物是否与外环境接触、是否造成环境污染的危险或者危害等方面进行综合分析判断。对名为运输、贮存、利用，实为排放、倾倒、处置的行为应当认定为非法排放、倾倒、处置行为，依法追究刑事责任。本案中，被告单位HT公司及被告人张正某、赵某在明知危险废物钡渣不能随意处置的情况下，仍在氮渣内掺入钡渣倾倒在氮渣堆场，名为运输、贮存、利用，实为排放、倾倒、处置，放任危险废物流失、泄漏，严重污染环境。本案在准确认定非法排放、倾倒、处置行为方面具有典型意义。

【案例二十三】东莞市沙田镇人民政府诉李永某固体废物污染责任纠纷案（违法倾倒危废）

事件经过：生效刑事判决认定，2016年3～5月，李永某违反国家规定向沙田镇泥洲村倾倒了约60车600吨重金属超标的电镀废料，严重污染环境，其行为已构成污染环境罪。2016年7～9月，东莞市沙田镇人民政府（以下简称沙田镇政府）先后两次委托检测机构对污染项目进行检测，分别支出检测费用17500元、31650元。2016年8～9月，东莞市环境保护局召开专家咨询会，沙田镇政府为此支付专家评审费13800元。沙田镇政府委托有关企业处理电镀废料共支出2941000元。2016年12月，经对案涉被污染地再次检测，确认重金属含量已符合环保要求，暂无需进行生态修复，沙田镇政府为此支付检测费用19200元。沙田镇政府委托法律服务所代理本案，支付法律服务费39957元。

处罚情况：广东省东莞市第二人民法院一审认为，沙田镇政府为清理沙田镇泥洲村渡口边的固体废物支出检测费用68350元、专家评审费13800元、污泥处理费2941000元，以上合计3023150元。沙田镇政府系委托具有资质的公司或个人来处理对应事务，并提交了资质文件、合同以及付款单据予以证明。李永某倾倒的固体废物数量占沙田镇政府已处理的固体废物总量的25.6%，故李永某按照比例应承担的损失数额为773926.4元。沙田镇政府为本案支出的法律服务费亦应由李永明承担。沙田镇政府对于侵权行为的发生及其损害结果均不存在过错。一审法院判决李永某向沙田镇政府赔偿电镀废料处理费、检测费、专家评审费773926.4元，法律服务费39957元。广东省东莞市中级人民法院二审判决李永某向沙田镇政府赔偿电镀废料处理费、检测费、专家评审费773926.4元。

事件启示：本案系固体废物污染责任纠纷。生态环境是人民群众健康生活的重要因素，也是需要刑事和民事法律共同保护的重要法益。生效刑事判决审理查明的事实，在无相反证据足以推翻的情况下，可以作为民事案件认定事实的根据。本案审理法院正确适用《中华人民共和国环境保护法》，在依法惩治污染环境罪的同时，对于沙田镇政府处理环境污染产生的损失依法予以支持，体现了“谁污染、谁治理”的原则，全面反映了污染环境犯罪成本，起到了很好的震慑作用。本案对于责任的划分，特别是对地方政府是否存在监管漏洞、处理环境污染是否及时的审查判断，也起到了一定的规范、指引作用。本案的审理和判决对于教育企业和个人依法生产、督促政府部门加强监管有着较好的推动和示范作用。

【案例二十四】倪炳某等人跨省向长江倾倒生活垃圾污染环境案

事件经过：2016年8～12月，浙江省桐乡市天顺垃圾清运服务有限公司负责人、股东被告人倪炳某、股东被告人周文某伙同天顺公司其他人员，为共同牟取非法利益，在明知被告人张某、洪小某等人（另案处理）无生活垃圾处置资质的情况下，明知部分垃圾长期滞留船上难以处置、明知存在部分垃圾未进电厂焚烧，仍以明显低于合法处置成本的价格将生活垃圾交由张某、洪小某等人处置，导致从海盐县黄桥码头运出的26船共计2.009万吨生活垃圾被直接抛入长江南通段、太仓段，65船共计2.28万吨生活垃圾被运至浙江湖州、安徽当涂等地非法填埋，造成严重环境污染。经鉴定，天顺公司非法处置的生活垃圾为含有有毒、有害物质的固体废物。上述垃圾被抛江或填埋后，江苏省太仓市政府、上海市崇明区政府、安徽省当涂县政府为防止污染扩大，均花费了巨大人力、物力、财力处置相关垃圾。打捞或挖掘、清运、处置相关垃圾及环境修复的费用预计超过千万元。

处罚情况：常熟市人民法院于2018年12月21日作出刑事判决：以环境污染罪，判处被告人倪炳某等10人1年6个月至6年6个月有期徒刑，并处人民币1万元至100万元的罚金。同时判处没收违法所得。

事件启示：长江是中华民族的母亲河，必须把修复长江生态环境摆在压倒性位置，共抓大保护、不搞大开发。严厉打击污染长江的犯罪行为，是人民法院保障长江大保护战略顺利实施的具体体现。本案注重全面追责、严厉打击生活垃圾非法跨界倾倒处置的行为。在处理过程中注意严查中间人、带路党，对全环节、全链条的犯罪行为予以打击，全面发挥刑罚的惩戒作用，有力地震慑了潜在的犯罪分子。案涉违法犯罪行为跨江、浙两省，为保障案件的顺利审理，两省三地建立有效沟通、协助、联动机制，积极开展了交换起诉书、核对卷宗、旁听庭审、重要证据采纳及事实认定交换意见等工作，对依法公正审理案件，推动长三角区域环境资源一体化司法保护进行了有益的探索。

2. “危废非法处置”法律责任

《中华人民共和国固体废物污染环境防治法》（2016年版）第55条规定：产生危险废物的单位，必须按照国家有关规定处置危险废物，不得擅自倾倒、堆放；不处置的，由所在地县级以上地方人民政府环境保护行政主管部门责令限期改正。

《中华人民共和国固体废物污染环境防治法》（2016年版）第77条规定：无经营许可证或者不按照经营许可证规定从事收集、贮存、利用、处置危险废物经营活动的，由县级以上人民政府环境保护行政主管部门责令停止违法行为，没收违法所得，可以并处违法所得三倍以下的罚款。不按照经营许可证规定从事前款活动的，还可以由发证机关吊销经营许可证。

3. 法条解析

1）危险废物的处置

对危险废物进行处置是防治危险废物污染的最后防线。尽管人类已经或正在努力采取各种方式、手段或措施，设法将危险废物尽可能地在其产生过程中予以减少或消除（如在工业生产过程中尽可能采用先进工艺、清洁工艺以减少或消除危险废物的产生等）；或将已产生的危险废物进行最大限度地回收利用或进行其他综合利用。但是，由于经济、技术条件的限制，还不能做到不产生危险废物。对于已产生的危险废物，人类也仍不可能或不必要将其全部进行综合利用，也不可能完全减轻或消除其危险性。对于已产生的尚不能实行综合利用的危险废物或尚未消除或减轻其危险特性的危险废物，必须实施严格地管制，不能允许任意或未采取有效污染控制措施而将其排放至环境，或者不按国家有关规定擅自倾倒、堆放。应按照无害环境和安全、有效的要求，进行必要地适当地处理和最终处置，以减轻或有效控制其危害。

对危险废物进行处置，从性质上讲，并未消除危险废物本身（如采用土地填埋、海洋倾废或其他永久贮存方式处置危险废物）或者并未完全消除其危险成分（如焚烧只是将危险废物由固态转化为气态，并不一定消除其危险成分，实质上在某种意义上只是排放方式的改变），只是以特殊的不对环境产生危害或严重危害的方式，将其与环境相隔离或改变其物理、化学、生物等方式的特性。因此，处置只是对危险废物的危害予以控制的方式。

在现阶段，对危险废物进行处置是必要和可行的。对处置的必要性和不可避免性的承认与肯定并在法律中予以确定，并不意味着是否定或减弱不产生危险废物或对其予以利用的要求，也并非不要求进行不产生或利用危险废物的努力。对于危险废物，凡能进行综合利用的，均须设法进行综合利用；对暂时不能利用的，才设法进行最终处置。这恰好正是与不产生危险废物或尽可能利用危险废物（“废物最小量化”）的要求和目的是一致的、共同的，是不产生危险废物原则的补充，是少产生危险废物原则的实现方式之一。

危险废物会对环境乃至人体健康造成严重影响，因而必须妥善处理处置。目前常用的危险废物处理处置方法包括焚烧法、填埋法、生物处理法、化学处理法、固化法等。

（1）焚烧法。焚烧是高温分解和深度氧化的过程，目的在于使可燃的危险废物氧化分解，借以减容、去毒并回收能量及副产品。几乎所有的有机废物都可以用焚烧法处理。其优点在于能迅速且大量地减少废物容积，消除有害微生物，破坏毒性有机物并回收热能。但是焚烧容易造成二次污染，而且投资和运行管理费用也较高。焚烧法在发达国家发展比较迅速，成为除土地填埋之外一个重要的处理手段。

（2）填埋法。土填埋是使用最为广泛的废物处置技术，其实质是将废物铺成有一定厚度的薄层后加以压实，并覆盖土壤的方法。它是从传统的堆放和填地处置发展起来的。今天的土地填埋已不是单纯的堆、填和埋，而是按工程理论和土工标准，对废物进行有效控制管理的科学工程方法，在大多数国家广泛应用。安全填埋是处置有害废物的一种较好的方法，实际上是卫生填埋的进一步改进，对场地的建造技术、浸出液的收集处理技术等要求更加严格。但是实践表明，安全填埋也不是绝对安全的，由于建场标准不高或选场不当等因素，关闭的一些场所出现渗漏而不得不采取补救措施的例子，已经在某些国家出现。

（3）生物处理法。利用微生物的分解作用处理废物的技术，应用最为广泛的是堆肥化，即依靠自然界广泛分布的细菌、放线菌和真菌等微生物，人为地促进可生物降解的有机物向稳定的腐殖质生化转化的微生物学过程。其主要作用是能够改善土壤的物理、化学和生物性质，使土壤环境保持适于农作物生长的良好状态，而且有增进化肥肥效的作用。从发展趋势来看，土地填埋的场所一般难以保证，焚烧处理的成本大高，而且二次污染严重，因此生物法得到了一定程度的重视。

（4）化学处理法。即利用化学方法，对有害废物实施化学反应，使之减轻或消除危害。如废酸液和废碱液的中和处理。此法一般用于对无机类废物的处理。

（5）固化法。即采用物理方法将废物压实、固化，使之转变成便于运输、贮存、利用和处置的形态。此法一般用于废物的预处理。

2）危险废物处置的责任

本条规定确定了危险废物处置责任，即由“产生者处置”的原则，产生者应当承担对其所产生的危险废物进行适当处置的义务，这是产生者的产生危险废物行为所导致的直接的必然的法律后果（法定义务）。同时，由于产生者对其所产生的危险废物的种类、数量和危险特性及程度等有着比较全面、直接、准确地了解和掌握，从而对环境保护要求如何处置其所产生的危险废物的标准和要求也有着全面、直接、准确地了解，由产生者负责处置便可能是较为有效、方便的。本法第5条规定：“国家对固体废物污染环境防治实行污染者依法负责的原则。”“产品的生产者、销售者、进口者、使用者对其产生的固体废物依法承担污染防治责任。”本条规定是对污染者负责原则在固体危险废物管理中的具体规定，是“谁污染、谁治理”在危险废物污染防治方面得到切实地贯彻和实现的保障。

“产生者处置”原则是关于产生者处置其所产生的危险废物的法定义务的原则规定，但实现这一原则即产生者承担处置责任、履行处置义务的具体方式却有着多样的形式，并非意味着只是或只能由产生者直接履行义务。产生者履行处置义务、承担处置责任的具体方式大致有：自行处置（直接承担责任的形式）和委托他人处置（间接履行义务的形式）。

（1）对于有处置能力且自行处置又安全、经济的产生者而言，应当首先要求其依靠自己的能力，对其产生的危险废物进行自行处置。这是履行义务、承担处置责任的直接形式。

（2）对于无能力自行处置或出于安全、经济的因素考虑，需要委托他人处置其所产生的危险废物的产生者，如委托区域性集中处置设施处置，或委托给具有处置能力的其他单位处置等，其委托或交与他人处置，只是产生者履行处置义务、承担处置责任的另一种方式（间接形式），并不意味着产生者的处置义务和责任便因此而转移、改变或减少、消灭。

产生者不能因委托他人处置而自认为自己便无处置义务，也不能因委托他人处置而自认为完全不对处置活动负责。作为委托给他人处置的产生者而言，委托处置只是将委托活动托付给他人代为完成并由此实现其履行义务，而不是转移责任，产生者仍应对处置活动负有相当责任。例如，在委托前，产生者应对拟接受委托的处置者的处置资格、能力和处置设备等进行调查、核实，查明拟接受委托的处置者的处置设施是否具备处置拟交与其处置的危险废物的种类、性质的条件，其处置水平和可能达到的环境、安全标准，其能够接受的数量，其实际操作和管理水平，其是否拥有法定的经营许可证等；应以书面形式签订委托协议，在协议中明确说明拟交与的危险废物的种类、性质、数量，交付方式、交付核查、处置要求与标准、处置核查的事项；在处置时，产生者应要求处置者报告处置情况并应主动查询、核实处置情况，保证委托协议得到实施，保证危险废物得到有效、安全和无害环境的处置。

总之，产生者无论是采取自行处置的履行义务的直接形式还是采取委托他人处置的履行义务的间接形式，其都是“产生者处置”原则的实现形式，是产生者承担处置责任的具体方式。产生者必须切实承担责任，不得以任何理由和方式来试图逃避、减轻或转移、改变其处置责任。

本条明确规定，产生危险废物的单位，必须按照国家有关规定处置危险废物，不得擅自倾倒、堆放。无论产生者是采取直接形式（自行处置）还是间接形式（委托他人），都必须实际、有效地处置危险废物，是应尽的义务。也就是说，必须按照国家有关规定处置危险废物，向危险废物污染防治设施（包括危险废物的综合利用、贮存和处置设施等）排放，不得直接向土地、水体或其他环境因素丢弃、投放、倾倒、堆放、注入、溢出、流失、泄漏危险废物或以其他方式将危险废物进入环境。对危险废物的处置，不能是任意的毫无拘束的，不能是简易、简单的、一般性的处置，因为随意向环境排放危险废物可能会造成严重的危害，新修订的固体废物污染环境防治法特意在本条中增加了“不得擅自倾倒、堆放”的禁止性规定，要求处置危险废物必须要符合一定的条件，达到一定的标准要求。这方面规定涉及危险废物处置场所的选址、设计、防护，危险废物处置设施的设计、制造、安装、操作等方面的技术标准、设计规范、操作规程、防护要求等；还包括处置场所的安全防护措施，废物的鉴别标准和方法要求，处置活动及场所的环境监测，处置后的残余物质的收集、处理、处置，处置设施的停止使用和退役关闭的管理及残留物质的处理、处置等。我国已有许多这些方面的规定。例如对处置工程的要求有国家环境保护总局关于发布《危险废物安全填埋处置工程建设技术要求》《危险废物集中焚烧处置工程建设技术要求（试行）》《医疗废物集中处置技术规范》和《医疗废物集中焚烧处置工程建设技术要求（试行）》；对危险排放标准主要有《危险废物贮存污染控制标准》（GB 18596—2001）《危险废物填埋污染控制标准》（GB 18598—2001）《危险废物焚烧污染控制标准》（GB 18484—2001）《含多氯联苯废物污染控制标准》（GB 13015—1991）和《含氰废物污染控制标准》（GB 12502—1990）。此外，国家还颁布了若干有关危险废物处置的环境保护标准。

关于危险废物的处置要求，根据《危险废物污染防治技术政策》规定，危险废物焚烧处置应满足以下要求：

（1）危险废物焚烧处置前必须进行前处理或特殊处理，达到进炉的要求，危险废物在炉内燃烧均匀、完全；

（2）焚烧炉温度应达到1100℃以上，烟气停留时间应在2.0秒以上，燃烧效率大于99.9%，焚毁去除率大于99.99%，焚烧残渣的热灼减率小于5%（医院临床废物和含多氯联苯废物除外）；

（3）焚烧设施必须有前处理系统、尾气净化系统、报警系统和应急处理装置；

（4）危险废物焚烧产生的残渣、烟气处理过程中产生的飞灰，须按危险废物进行安全填埋处置；

（5）危险废物的焚烧宜采用以旋转窑炉为基础的焚烧技术，可根据危险废物种类和特征选用其他不同炉型，鼓励改造并采用生产水泥的旋转窑炉附烧或专烧危险废物；

（6）对规模较大的危险废物焚烧设施，可实施热电联产；医院临床废物、含多氯联苯废物等一些传染性的、或毒性大、或含持久性有机污染成分的特殊危险废物宜在专门焚烧设施中焚烧；

（7）严禁采用小型单燃烧室焚烧炉、没有自控系统和尾气处理系统的焚烧装置，坚决淘汰各种简易焚烧炉和其他各类排放不达标的处置设施。

上述按照“国家有关规定”处置危险废物，体现了危险废物无害化处置和安全处置的原则。

3）代为处置

产生危险废物的单位不处置危险废物的，所在地县级以上地方人民政府环境保护行政主管部门责令限期改正，经责令限期改正，逾期仍不处置或者处置不符合国家有关规定的，由有关环境保护行政主管部门指定单位按照国家有关规定代为处置。代为处置属于代执行的法律制度的实现形式之一。代执行是指负有履行法律义务的法定义务人不履行其法定义务，且如果该项义务可以交由他人代为履行也可以达到同一法定义务的目的时，对该义务的履行拥有实施监督权力的有关国家机关可以依法律规定，将该项义务指定或交由除法定义务人外的第三人代为履行，待他人将义务代为履行完毕后，由不履行法定义务的法定义务人负担因代为履行所发生的一切费用。代执行属于法律强制措施之一，其目的和作用是为了保证法律所规定的义务得以实际履行。本条所规定的“代为处置”属代执行制度的具体表现形式之一。代执行并不是转移、改变或免除了法定义务人所负担的法律义务，而只是因法定义务人拒不履行义务而由他人代法定义务人实际履行义务，其已履行的义务仍是原法定义务人所依法应承担的法定义务，并未发生义务转移或免除。

在实施代执行后，法定义务人应对他人的代为履行的行为承担法律责任，并应负担由此而发生的全部费用，即负有费用给付义务；若法定义务人不给付费用，则代执行人可以申请行政机关或人民法院强制法定义务人给付。由于代执行属于法律强制措施，其适用有着严格的条件，主要是：①当负有履行法定义务的法定义务人拒不履行而该义务又必须履行时；②该义务如交由他人代为履行可以达到同一目的；③法律、法规中有明文规定的。

代执行制度在我国法律、法规中已有规定，并且其实施对于法定义务的履行确有成效。如在土地管理和城市规划法律、法规中，规定了对非法占用土地修建建筑物或违章修建建筑物的，应责令非法占地人或违章建筑人限期拆除其非法的或违章的建筑物；如该法定义务人拒不执行时，有关国家机关可以依法采取代为拆除或指定他人代为拆除的强制措施，并由法定义务人承担所有拆除费用。本法规定代为处置危险废物的强制措施是实际可行、必要的。

本条规定的“代为处置”主要适用于两种情形。第一种情形是法定义务人（产生者）不履行处置义务，经责令限期改正，逾期仍拒不处置的。第二种情形是法定义务人虽履行处置义务进行处置（包括在限期改正中进行处置），但处置不符合国家有关规定的，即处置不当（或称不当处置）的。在后一种情形中，法定义务人虽有履行义务的行为，但却履行不当，其履行义务的实际方式或实际效果不能满足法律的要求，即不符合国家的有关规定，不符合无害化和安全处置原则和要求。这种未完全或未很好履行处置义务的处置行为，实际并未有效控制危险废物的危害，未达到法律所规定的防治污染的目的，因此，实质上可以被认为是属于不履行义务的行为，同样可以对其采取代为处置的强制措施，以保证法律目的的实现。

代为处置的实施程序一般可分为三个阶段。

第一阶段是告诫和警示，即由产生危险废物的单位所在地环境保护部门向不履行或者未完全履行（不按国家规定处置）处置义务的法定义务人采取责令其限期改正的措施，包括责令产生者限期处置或限期采取符合国家有关规定的处置措施等，并告诉其如在规定的期限内仍未改正（仍不处置或仍未达到符合国家有关规定的要求），即将对其采取强制措施并由其负担所有费用。

第二阶段是代为处置。在规定的期限内，产生者仍未改正或仍未履行处置义务的，拥有监督管理权的环境保护部门可以作出代为履行的决定，采取代为履行的措施。本条规定，代为履行决定权由产生者所在地县级以上地方人民政府环境保护行政主管部门作出决定，指定其他单位代为处置。被指定的代为处置单位，可以是区域性的集中处置单位（其应拥有依法获得的经营许可证），也可以是依法获得危险废物处置经营许可证的其他单位；本地区的或其他地区的处置单位均可被指定为代处置人，但其必须拥有与拟处置的危险废物的处置要求和条件相符的经营许可证并确有处置能力。指定应以书面形式，环境保护部门可以采取公开招标或其他方式，应对代为处置的单位进行资格审查，并与其签订委托代为处置的协议。代为处置单位必须依国家的有关规定，对危险废物进行无害化和安全处置。产生者不得拒绝、妨碍、阻挠代为处置活动；如有拒绝、妨碍、阻挠代为处置的，应作为妨碍国家机关工作人员依法执行职务论处。

第三阶段为代为履行费用的征收。费用包括因代为履行所招致和实施代为履行所发生的全部费用，其全部由危险废物产生者承担。产生者不得拒绝给付费用。

关于危险废物处置收费标准，根据国家发改委《关于实行危险废物处置收费制度促进危险废物处置产业化的通知》的规定，危险废物处置收费（不包括放射性废物送贮费）为经营服务性收费，其收费标准应按照补偿危险废物处置成本，合理盈利的原则核定。危险废物处置成本主要包括危险废物收集、运输、贮存和处置（含处理，下同）过程中发生的运输工具费、材料费、动力费、维修费、设施设备折旧费、人工工资及福利费、保险（环境污染责任险、对第三方财产及人身损害险、操作人员工伤事故险）。危险废物处置收费的具体原则和办法由各省、自治区、直辖市价格主管部门制定，具体收费标准由设区的城市人民政府价格主管部门商有关部门制定，报城市人民政府批准执行，并报省级价格主管部门备案。目前，危险废物处置收费仍按行政事业性收费管理的，应转为经营服务性收费。危险废物处置收费应本着简便、有效、易操作的原则，按不同的收费对象采取不同的计费办法。对医疗废物，原则上根据医疗废物产生量，按照医疗机构病床数、按月计收，对无固定病床的医疗机构，可根据每月医疗废物平均产生量按定额计收；处置单位也可与医疗机构签订协议，按医疗废物的重量计收；医疗机构交纳的医疗废物处置费计入医疗服务成本，通过调整医疗服务价格解决。对工业危险废物和社会源危险废物，原则上按危险废物的重量计收。危险废物处置单位应在价格主管部门规定的收费标准内，与产生单位签订集中处置服务协议，明确双方的责、权、利关系。危险废物处置费与工业固体废物排污费、生活垃圾处理费不得重复对收。危险废物处置费由处置单位向产生危险废物的单位收取，并全部用于支付危险废物收集、运输、贮存、处置费用。危险废物处置设备正式投入使用前，不得以任何形式收取危险废物处置费。对危险废物产生者不处置其产生的危险废物又不承担依法应当承担的处置费用的，由县级以上地方人民政府环境保护行政主管部门责令限期改正，处代为处置费用1倍以上3倍以下的罚款。

《中华人民共和国固体废物污染环境防治法》（2016年版）第83条：违反本法规定，收集、贮存、利用、处置危险废物，造成重大环境污染事故，构成犯罪的，依法追究刑事责任。

本条在这次修改固体废物污染环境防治法时做了改动。主要是针对新增加的将利用危险废物的行为纳入危险废物经营许可证的管理范围的规定，相应增加了其法律责任的规定。

根据本法第57条第1款和第2款的规定，从事收集、贮存、处置危险废物经营活动的单位，必须向县级以上人民政府环境保护行政主管部门申请领取经营许可证后方可从事相应的危险废物经营活动；从事利用危险废物经营活动的单位，必须向国务院环境保护行政主管部门或者省、自治区、直辖市人民政府环境保护行政主管部门申请领取经营许可证后方可从事危险废物利用的活动。禁止无经营许可证或者不按照经营许可证规定从事危险废物收集、贮存、利用、处置的经营活动。因此，违反上述规定收集、贮存、利用、处置危险废物的，就是违法行为，造成重大环境污染事故，构成犯罪的，就应当依法承担相应的刑事责任。

判定是否构成犯罪，根据本条和刑法第338条规定应当具备以下几方面的条件：一是违法行为人明知是违反了本法的有关规定收集、贮存、利用、处置危险废物而为之，即存在主观上的故意。二是违法行为人实施了违反本法有关规定收集、贮存、利用、处置危险废物的行为，即存在客观上的违法行为。三是违法行为人的违法行为造成了重大环境污染事故，致使公私财产遭受重大损失或者人身伤亡的严重后果。其中，对固体废物污染环境事故是否属于重大环境污染事故的认定是判断罪与非罪的关键之一。环境污染事故一般分为一般事故、较大事故、重大事故和特大事故。属于前两者，一般不构成犯罪；如果已造成重大事故或者特大事故，就应当认为是构成犯罪。同时，要追究违法行为人相应的刑事责任的不但要求其违反本法规定收集、贮存、利用、处置危险废物的行为，造成重大环境污染事故，还要求其上述行为致使公私财产遭受重大损失或者人身伤亡的严重后果。四是根据法院对违法行为人违法行为的性质、情节轻重和造成后果的大小的认定，认为违法行为人应当依法承担相应的刑事责任。上述四个条件缺一不可，必须全部满足才能够追究违法行为人的刑事责任。

根据刑法第338条的规定，对违反本法规定，收集、贮存、利用、处置危险废物，造成重大环境污染事故，致使公私财产遭受重大损失或者人身伤亡的严重后果的，处三年以下有期徒刑或者拘役，并处或者单处罚金；后果特别严重的，处三年以上七年以下有期徒刑，并处罚金。同时，根据刑法第346条的规定，对单位犯上述罪的，还应当对单位判处罚金，并对其直接负责的主管人员和其他直接责任人员，依照第338条的规定处罚。

九 固体废物污染公益诉讼案例

【案例二十五】江苏省人民政府诉安徽HD化工科技有限公司生态环境损害赔偿案

事件经过： 2014年4~5月，安徽HD化工科技有限公司（以下简称HD公司）营销部经理杨某分三次将HD公司生产过程中产生的102.44吨废碱液，以每吨1300元的价格交给没有危险废物处置资质的李宏某等人处置，李宏某等人又以每吨500元、600元不等的价格转交给无资质的孙志某、丁卫某等人。上述废碱液未经处置，排入长江水系，严重污染环境。其中，排入长江的20吨废碱液，导致江苏省靖江市城区集中式引用水源中断取水40多小时；排入新通扬运河的53.34吨废碱液，导致江苏省兴化市城区集中式饮水源中断取水超过14小时。靖江市、兴化市有关部门分别采取了应急处置措施。杨某、李宏某等人均构成污染环境罪，被依法追究刑事责任。经评估，三次水污染事件共造成环境损害1731.26万元。

处罚情况：江苏省泰州市中级人民法院一审认为，HD公司作为化工企业，对其生产经营中产生的危险废物负有法定防治责任，其营销部负责人杨某违法处置危险废物的行为系职务行为，应由HD公司对此造成的损害承担赔偿责任。一审法院判决HD公司赔偿环境修复费用3637.90万元、生态环境服务功能损失1818.95万元、评估鉴定费26万元，上述费用合计5482.85万元，支付至泰州市环境公益诉讼资金账户。江苏省高级人民法院二审在维持一审判决的基础上，判决HD公司可在提供有效担保后分期履行赔偿款支付义务。

事件启示：本案是《生态环境损害赔偿制度改革试点方案》探索确立生态环境损害赔偿制度后，人民法院最早受理的省级人民政府诉企业生态环境损害赔偿案件之一。长江是中华民族的母亲河。目前沿江化工企业分布密集，违规排放问题突出，已经成为威胁流域生态系统安全的重大隐患。加强长江经济带生态环境司法保障，要着重做好水污染防治案件的审理，充分运用司法手段修复受损生态环境，推动长江流域生态环境质量不断改善，助力长江经济带高质量发展。本案判决明确宣示，不能仅以水体具备自净能力为由主张污染物尚未对水体造成损害以及无须再行修复，水的环境容量是有限的，污染物的排放必然会损害水体、水生物、河床甚至是河岸土壤等生态环境，根据损害担责原则，污染者应当赔偿环境修复费用和生态环境服务功能损失。本案还是《中华人民共和国人民陪审员法》施行后，由7人制合议庭审理的案件，4位人民陪审员在案件审理中依法对事实认定和法律适用问题充分发表了意见，强化了长江流域生态环境保护的公众参与和社会监督，进一步提升了生态环境损害赔偿诉讼裁判结果的公信力。

【案例二十六】山东省生态环境厅诉山东某重油化工公司、山东某新能源公司生态环境损害赔偿纠纷案

事件经过：2015年8月，山东某新能源公司委托无危险废物处理资质的人员将其生产的640吨废酸液倾倒至济南市章丘区一废弃煤井内。2015年10月20日，山东某重油化工公司采取相同手段将其生产的23.7吨废碱液倾倒至同一煤井内，4名涉嫌非法排放危险废物人员当场中毒身亡。根据中共中央办公厅、国务院办公厅《生态环境损害赔偿制度改革试点方案》，山东省人民政府确定山东省生态环境厅为具体工作部门，开展生态损害赔偿索赔工作。山东省生态环境厅与山东某重油化工公司、山东某新能源公司磋商未能达成一致，遂向济南市中级人民法院提起诉讼，请求判令被告承担应急处置费用、服务功能损失费用、生态损害赔偿费用等各项费用共计2.3亿余元，请求判令两被告对上述各项费用承担连带责任，并请求判令两被告在省级以上媒体公开赔礼道歉。

处罚情况：济南市中级人民法院经审理认为，山东某新能源公司生产过程中产生的废酸液和山东某重油化工公司生产过程中产生的废碱液导致案涉场地生态环境损害，事实清楚，证据充分。判决被告山东某新能源公司和山东某重油化工公司赔偿原告山东省生态环境厅应急处置费用1455.566万元；被告山东某新能源公司赔偿原告山东省生态环境厅生态环境修复期间服务功能的损失1401.208万元、生态环境损害赔偿费15912万元、鉴定费18.664万元、律师代理费16万元；被告山东某重油化工公司赔偿原告山东省生态环境厅生态环境修复期间服务功能的损失350.302万元、生态环境损害赔偿费3978万元、鉴定费4.666万元、律师代理费4万元；被告山东某重油化工公司与被告山东某新能源公司于判决生效之日起，30日内在省级以上媒体公开赔礼道歉。

事件启示：本案是《生态环境损害赔偿制度改革试点方案》探索确立生态环境损害赔偿制度后，我省法院最早受理的省政府指定工作部门提起的生态环境损害赔偿案件之一。该案原、被告分别聘请专家辅助人，法院聘请咨询专家，在庭审中从专业技术角度对案件事实涉及的专业问题充分发表意见，这一做法对划分污染者责任问题进行了有益尝试。判决合理分配两被告各自的承担的赔偿责任，并根据两公司主观过错、经营状况等因素，确定山东某重油化工公司应支付的赔偿款可申请分期赔付，在依法判决企业承担环境侵权责任保障生态环境得到及时修复的同时，也维护了企业正常经营，促进了经济社会的可持续发展。

第二节 法律知识延展

一 新修订《固体废物污染环境防治法》（2016年版）主要特点

生活垃圾处置场所不能随意选也不能随意关。居民放置生活垃圾的场所不能随便选择，也不能说不用就不用，生活垃圾的处理也须按法律规定进行。

固体废物污染损害赔偿实行举证责任倒置制。针对环境污染损害赔偿案件中最常见的受污染者没有能力起诉以及举证困难等问题，修订后的固体废物污染环境防治法在现有污染损害赔偿规定的基础上，增加了举证责任倒置等规定。

法律确立生产者延伸责任制。污染者承担污染防治的责任，这一原则在法律中全面落实，有助于解决固体废物污染问题。对此，新修订的固体废物污染环境防治法补充了有关生产者延伸责任的条款，规定国家对部分产品、包装物实行强制回收制度。

我国法律对过度包装说“不”。新修订的固体废物污染环境防治法明确规定：“国务院标准化行政主管部门应当根据国家经济和技术条件、固体废物污染环境防治状况以及产品的技术要求，组织制定有关标准，防止过度包装造成环境污染。”

向江河湖泊丢垃圾将触法律“红线”。将垃圾随手丢进江河湖泊，或许是很多人都曾有过的经历，从2005年4月起，这个先前仅靠道德约束的行为，被纳入法律处罚的视野。修订后的固体废物污染环境防治法规定，禁止任何单位或者个人向江河、湖泊、运河、渠道、水库及其最高水位线以下的滩地河岸坡等法律、法规规定禁止倾倒、堆放废弃物的地点倾倒、堆放固体废物。

二 《一般工业固体废物贮存、处置场污染控制标准》主要内容

2013年6月8日原国家环境保护部印发了《〈一般工业固体废物贮存、处置场污染控制标准〉（GB 18599—2001）等3项国家污染物控制标准修改单的公告》（环境保护部公告2013年第36号，以下简称《标准》）。《标准》对危废暂存间设置相关要求

进行了明确：危险废物贮存设施应建在易燃、易爆等危险品仓库、高压输电线路防护区域以外；贮存场所地面须硬化处理，并涂至少2毫米密度高的环氧树脂，以防止渗漏和腐蚀；必须有泄漏液体收集装置（收集沟及收集井，以收集渗滤液，防止外溢流失现象）、气体导出口及气体净化装置；设施内要有安全照明设施和观察窗口；用以存放装载液体、半固体危险废物容器的地方，必须有耐腐蚀的硬化地面，且表面无裂隙；应设计堵截泄漏的裙脚，地面与裙脚所围建的容积不低于堵截最大容器的最大储量或总储量的五分之一；不相容的危险废物必须分开存放，并设有隔离间隔断；装载危险废物的容器必须完好无损；盛装危险废物的容器材质和衬里要与危险废物相容（不相互反应）；装载液体、半固体危险废物的容器内须留足够空间，容器顶部与液体表面之间保留100毫米以上的空间；盛装危险废物的容器上必须粘贴符合《危险废物贮存污染控制标准》附录A所示的标签；基础必须防渗，防渗层为至少1米厚黏土层（渗透系数≤10^{-7}厘米/秒），或2毫米厚高密度聚乙烯，或至少2毫米厚的其他人工材料，渗透系数≤10^{-10}厘米/秒；企业必须按照危废特性分类进行收集和贮存，不相容的危险废物不能堆放在一起；衬里放在一个基础或底座上；衬里要能够覆盖危险废物或其溶出物可能涉及的范围；衬里材料与堆放危险废物相容；在衬里上设计、建造浸出液收集清除系统；危险废物堆要防风、防雨、防晒；盛装在容器内的同类危险废物可以堆叠存放；每个堆间应留有搬运通道；危险废物产生者和危险废物贮存设施经营者均须作好危险废物情况的记录，记录上须注明危险废物的名称、来源、数量、特性和包装容器的类别、入库日期、存放库位、废物出库日期及接收单位名称；危险废物的记录和货单在危险废物回取后应继续保留三年；危险废物贮存间需按照“双人双锁”制度管理（两把钥匙分别由两个危险废物负责人管理，不得仅由一人管理）；贮存危险废物不得超过一年，超过一年报环保部门审批；贮存危险废物的设施、场所，须同时设置危险废物警告标志和危险废物标签并张贴在危险废物仓库门上或门两侧；危险废物贮存设施周围应设置围墙或其他防护栅栏；危险废物贮存设施应配备通信设备、照明设施、安全防护服装及工具，并设有应急防护设施。

思考题

1．2016年5月11日，安吉县环保局执法人员对安吉SD五金制品有限公司进行现场检查，发现企业擅自将金属表面酸洗、电泳、发黑工艺中产生的污泥（危险废物）交由无危险废物经营许可资质的张某某。张某某将其外运至梅溪镇甲子村荒山和红庙村废弃石矿内倾倒，现场倾倒污泥称重共1.38吨。另据张某某供述，其共倾倒废弃物4次，总重量约8吨。请问此案件中生产企业和被委托企业的行为分别存在哪些违法行为？应该受到何种处罚？

2．2013年4月25日～5月18日，接群众举报，东明县环保局在现场检查时发现，Z集团中原某研究院在中开线输气管道改造工程的现场施工过程中，将危险废物委托无危废处理资质的刘某外运处置。请问作为企业应该如何规范合法处置危废？后期应该采取哪些措施加强环保管理工作？

第六章

《环境噪声污染防治法》相关案例

扫码即获更多阅读体验

《环境噪声污染防治法》是为防治环境噪声污染，保护和改善生活环境，保障人体健康，促进经济和社会发展而制定。但在实际执行过程中，出现了诸多违法违规的案例，本章重点介绍分析了噪声扰民等公共污染事件。

要点导图

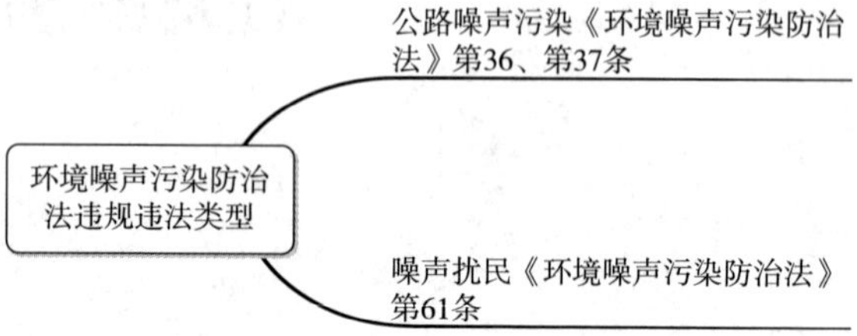

环境噪声污染防治法违规违法类型
公路噪声污染《环境噪声污染防治法》第36、第37条
噪声扰民《环境噪声污染防治法》第61条

第一节 《环境噪声污染防治法》基本信息及相关案例

《环境噪声污染防治法》(2018年版)共8章64条，分别对环境噪声污染的监督管理体制、环境影响评价等基本环境管理制度以及工业噪声、建筑施工噪声、交通运输噪声和社会生活噪声污染防治作出了具体规定，并明确了各类违法行为应承担的法律责任。新法与原条例相比较，主要体现在“两突出、两重点、两加强”上。即突出预防为主，突出源头控制；重点防治交通噪声和社会生活噪声污染；加强环境噪声污染管理法律制度，加强环境保护部门统一监督管理。《环境噪声污染防治法》的制定遵循适应社会主义市场经济新体制的建立，促进经济和社会协调发展的原则；突出了重点，着力解决环境噪声污染防治的重要问题，维护社会稳定；既考虑保护声环境的需要，又考虑现实承受能力和可操作性。

以案释法

一 噪声污染扰民案例

1. 公路噪声污染案例

【案例一】某交投公司噪声污染责任纠纷案

事件经过：涉案高速公路于2006年开工建设，2010年建成，竣工时环评验收合格。该高速公路从莫某住所旁经过。莫某认为，其房屋建造在前，高速公路通车后的噪声排放处于持续状态，给其正常生活造成严重影响，故诉至法院，请求判令高速公路的管理者某交投分公司、某交投公司立即停止侵害，将噪声排放降至国家标准《中华人民共和国声环境质量标准》(GB 3096—2008)(以下简称《声环境质量标准》)以下，并从高速通车之日起至实际噪声降至国家标准之日止每月赔偿1500元。经法院委托鉴定，涉案房屋昼间、夜间环境噪声的等效声级、最大声级均不符合《声环境质量标准》(GB 3096—2008)2类声环境功能区限值要求。主要因素有房屋与高速公路距离、高速路面存在接缝及车流量、鸣笛等。

处罚情况：法院经审理认为，根据二被告抗辩意见，经审查，鉴定报告中有关案涉房屋声环境功能区的划分确系有误，应为4a类声环境功能区，并应适用4a类声环境噪声等效声级标准，但因各方均未对报告的噪声监测数据提出异议，故对该数据予以确认。经与《声环境质量标准》（GB 3096—2008）4a类声环境噪声等效声级标准比对，涉案房屋确系存在噪声污染。高速公路竣工时的环评验收合格仅代表当时的声环境，两被告据此主张莫某居住点目前不存在噪声污染，缺乏依据，且两被告亦未举证已采取措施降噪至限值以下或噪声污染结果与其不存在因果关系，故两被告应对噪声污染承担侵权责任。但因两被告接管高速公路时已经环评验收合格，现有证据无法明确噪声污染的起始时间，且莫某未提交证据证明其损失计算依据，故对莫某赔偿诉讼请求不予支持。如两被告在履行期内未能降噪，莫某可就损失赔偿部分收集证据另行主张。最终法院判决两被告于判决生效后90日内采取有效措施将涉案房屋室外夜间噪声降至《声环境质量标准》（GB 3096—2008）4a类声环境噪声等效声级限值以下，驳回莫某其他诉讼请求。判决后，当事人均未提起上诉。

事件启示：近年来城市交通快速发展，虽然高速公路竣工验收时已经环评验收合格，但实际运行过程中仍可能不断产生新的交通噪声，故沿线居民以噪声污染责任纠纷案由提起诉讼增多，且多以系列案件的形式产生。环境污染责任属于特殊侵权责任，适用无过错责任原则，故本案在审理过程中，将对环境污染行为及环境污染损害事实存在的举证责任分配给原告，而由被告就污染环境的行为与损害事实之间不存在因果关系负举证责任。此外，该案虽对原告主张的损失赔偿金额不予支持，但在判决书中明确未如期降噪的情况下原告仍保有救济途径，以此来最大程度保障居民合法权益，并警示督促高速公路管理者切实履行整改义务。

2. 噪声扰民纠纷案例

【案例二】沈海某诉机械工业DY设计研究院噪声污染责任纠纷案

事件经过：沈海某系机械工业DY设计研究院（以下简称DY设计院）退休工程师，住该院宿舍。为增加院内暖气管道输送压力，DY设计院在沈海某的住宅东墙外侧安装了增压泵。2014年，沈海某认为增压泵影响其休息向法院提起诉讼。后双方达成和解，沈海某撤回起诉，DY设计院将增压泵移至沈海某住宅东墙外热交换站的东侧。2015年，沈海某又以增压泵影响其睡眠、住宅需要零噪声为由，再次诉至法院，要求判令DY设计院停止侵害，拆除产生噪声的增压泵，赔偿其精神损害费1万元。根据沈海某的申请，法院委托蚌埠市环境监测站对增压泵进行监测，结果显示沈海某居住卧室室内噪声所有指标均未超过规定的限值。

处罚情况：安徽省蚌埠市禹会区人民法院一审认为，经监测，增压泵作为被测主要声源，在正常连续工作时，沈海某居住卧室室内噪声所有指标均未超过规定的限值。沈海某关于增压泵在夜间必须是零噪声的诉讼主张没有法律依据。一审法院判决驳回沈海某的诉讼请求。安徽省蚌埠市中级人民法院二审维持了一审判决。

事件启示：环境噪声污染防治法第2条规定，环境噪声污染是指所产生的环境噪声超过国家规定的环境噪声排放标准，并干扰他人正常生活、工作和学习的现象。与一般环境侵权适用无过错责任原则不同，环境噪声侵权行为人的主观上要有过错，其外观须具有超过国家规定的噪声排放标准的违法性，才承担噪声污染侵权责任。因此，是否超过国家规定的环境噪声排放标准，是判断排放行为是否构成噪声污染侵权的依据。经委托鉴定，在增压泵正常工作过程中，沈海某居住卧室室内噪声并未超过国家规定标准，不构成噪声污染，DY设计院不承担噪声污染侵权责任。本案判决有利于指引公众在依法保障其合法权益的同时，承担一定范围和限度内的容忍义务，平衡各方利益，促进邻里和睦，共同提升生活质量。

【案例三】袁科某诉广州JF房地产发展有限公司噪声污染责任纠纷案

事件经过：袁科某购买了广州JF房地产发展有限公司（以下简称JF公司）开发的商品房。2014年2月，袁科某委托中国科学院广州化学研究所测试分析中心对其居住的房屋进行环境质量监测。该中心作出的环境监测报告显示袁科某卧室夜间的噪声值超过了《民用建筑隔声设计规范》（GB 50118—2010）规定的噪声最高限值标准。袁科某认为住宅电梯临近其房屋，电梯设备直接设置在与其住房客厅共用墙之上，且未作任何隔音处理，致使电梯存在噪声污染。向法院提起诉讼，要求判令JF公司承担侵权责任。JF公司主张案涉电梯质量合格，住宅设计和电梯设计、电梯安装均符合国家规定并经政府部门验收合格，故其不应承担侵权责任。

处罚情况：广东省广州市越秀区人民法院一审认为，JF公司主张案涉电梯在设计、建筑、安装均符合国家相关部门的规定并经验收合格才投入使用，且电梯每年均进行年检并达标，但这只能证明电梯能够安全运行。袁科某购买的房屋经监测噪声值超过国家规定标准，构成了噪声污染。JF公司提供的证据不足以证明其对涉案房屋超标噪声不承担责任或者存在减轻责任的情形。一审法院判令JF公司60日内对案涉电梯采取相应的隔声降噪措施，使袁科某居住的房屋的噪声达到《民用建筑隔声设计规范》（GB 50118—2010）规定的噪声最高限值以下；逾期未达标准，按每日

100元对袁科某进行补偿；支付袁科某精神抚慰金1万元。广东省广州市中级人民法院二审维持了一审判决。

事件启示：电梯是民用建筑的一部分，电梯的设计、建设与安装均应当接受《民用建筑隔声设计规范》（GB 50118—2010）的调整。经过监测，涉案电梯的噪声值已经超过国家标准，构成噪声污染。根据侵权责任法第66条规定，JF公司要对其行为与损害不存在因果关系或者减轻责任的情形承担举证证明责任。在JF公司未能提供证据证明袁科某对涉案电梯噪声超标存在过错或故意，亦不能证明噪声超标系第三人、不可抗力、正当防卫或紧急避险等原因造成，其不存在法律规定的不承担责任或者减轻责任的情形，应承担相应的侵权责任。本案的审理结果具有很好的警示作用，尤其是生产经营者要在机械设备的设计、建造、安装及日常运营过程中，关注噪声是否达标，自觉承担应有的环境保护社会责任。

【案例四】陈某荣等诉南宁某开发有限责任公司噪声污染损害赔偿纠纷案

事件经过：2007年3月，陈某荣、梁某红、陈某购买了某开发公司开发的某阳光康城3号楼A单元501号房，该楼房地下一层为车库和水泵房等。陈某荣、梁某红称，自2008年9月入住以来，一直受到水泵运转发出的噪声影响，导致陈某荣左耳听力下降，为此多次到医院治疗。2009年8月31日，陈某荣委托南宁市环境保护监测站在涉案房屋卧室对水泵噪声进行监测，结论为：501号房主卧室昼间实测值为42.1分贝、夜间实测值为38.2分贝。为此，某开发公司对涉案楼房地下一层的水泵房采取了更换水泵等减噪措施。陈某荣等仍感到噪声未消除，遂再次委托监测，结论为：501号房卧室夜间实测值为40.9分贝。此后，某开发公司未再对涉案水泵采取整改措施。陈某荣等二人提起诉讼，请求某开发公司赔偿医疗费及后续治疗费、精神抚慰金、噪声检测。

处罚情况：南宁市西乡塘区人民法院一审认为，某开发公司作为开发商，应确保其设置的水泵噪声符合环保要求。涉案房屋卧室的水泵噪声夜间值高于《社会生活环境噪声排放标准》规定的限值，构成环境噪声污染，陈某荣等二人主张的侵权事实成立。因涉案水泵噪声未能根本解决，一审法院判决：某开发公司按市场价格回购涉案房屋，并向陈某荣等二人赔偿搬迁费、医疗费等费用。

南宁市中级人民法院二审认为，某开发公司作为开发商及涉案水泵安装地点的选定者，应确保其所选定的水泵设置位置不对业主产生噪声干扰，并有对水泵采取隔音防噪措施的义务，且该义务不能简单通过房屋买卖而转移给业主。虽然《社会生活环境噪声排放标准》的适用范围为营业性文化娱乐场所、商业经营活动，但既然上述活动中对周围环境（含住宅环境）排放的噪声超过规定限值即构成噪声污染，根据《环境噪声污染防治法》第2条的规定，涉案水泵运转声音干扰他人正常生活、工作和学习并超过国家规定的环境噪声排放标准时，亦构成噪声污染。经监测，涉案房屋卧室水泵运转所产生的噪声夜间高于《社会生活环境噪声排放标准》规定的卧室夜间噪声限值，亦高于同期《住宅设计规范》规定的住宅卧室夜间噪声标准，构成噪声污染。因某开发公司未能证明其已完全尽到隔音降噪义务或涉案水泵噪声污染系水泵自身单方原因造成，其对涉案水泵噪声给陈某荣等二人造成的损害依法应承担赔偿责任。因涉案水泵噪声未能根本解决，二审法院判决：某开发公司按市场价格回购涉案房屋，并承担相应赔偿责任。

事件启示：本案系商品房住宅楼内水泵噪声污染造成损害的新类型环境污染侵权纠纷。法院充分考虑住宅楼内水泵噪声污染的特殊性，基于某开发公司是开发商及涉案水泵安装地点的选定者的事实，认定其对水泵的安装有采取隔音防噪措施的义务，且该义务不能转移给业主。本案判决基于目前缺乏住宅楼内水泵运行噪声标准的现实情况，参照适用《社会生活环境噪声排放标准》，认定住宅楼内水泵运转声音干扰他人正常工作和生活并超过国家规定的环境噪声排放标准的，构成噪声污染，具有合理性。在某开发公司经整改仍无法解决水泵噪声污染的情况下，本案判决某开发公司回购涉案房屋并赔偿相应损失，对于维护人民群众宁静生活的权益，警示和督促房地产开发企业关注噪声问题，自觉承担生态环境保护社会责任，具有较好的示范引导作用。

【案例五】姜建某与荆某噪声污染责任纠纷案

事件经过：2009年起荆某租用了谷某的房屋和院落，此院落与姜建某住所前后相邻，仅一墙之隔。荆某在租用的院落里对钢铁制品进行切割作业，产生的噪声使姜建某不堪忍受。姜建某先后向村委会及当地环境保护行政主管部门反映，但问题仍未得到解决，遂提起诉讼，请求判令荆某停止侵害，排除妨碍，将产生噪声污染及粉尘污染的铁制品搬离与姜建某相邻的院落，赔偿其精神损失8000元。

处罚情况：乌鲁木齐市米东区人民法院一审判令荆某立即停止侵权、排除妨害，将产生噪声的钢铁制品搬离与姜建某相邻的院落，并赔偿姜建某精神损害抚慰金2000元。荆某不服，上诉至乌鲁木齐市中级人民法院。该院二审认为，钢铁制品在装卸、运送或者加工过程中产生的声音超出一般公众普遍可忍受的程度。本案中，荆某院落与姜建某居所一墙相隔，荆某在院落中放置工具、加工材料时所产生的声音势必能传入到其他居民的居室内，已成为干扰周围居民生活的环境噪声。噪声污染对人体健康可能造成损害，是为公众普遍认可的，姜建某称其因噪声无法休息导致精神受到伤害符合日常生活经验法则，应推定属实。荆某否认噪声污染给姜建某造成了实际损害，应举证证明，但荆某不能举出其院落中发出的噪声对姜建某的身体健康未产生损害的证据。一审判决根据荆某加工钢铁制品产生的噪声的时间、两家距离的远近、噪声的大小酌情支持2000元精神损害抚慰金并无不当。二审法院于2012年7月作出判决，驳回上诉，维持原判。

事件启示：在工业生产、建筑施工、交通运输和社会生活中产生的严重噪声污染，侵害人们安宁生活、工作和学习的权利，导致人们身心健康受损。本案中，荆某在装卸、运送、加工钢铁制品过程中产生的噪声，超过了一般人可容忍的程度，严重干扰了周边人群的正常生活，应承担停止侵害、排除妨碍及赔偿损失的民事责任。噪声污染给受害人身心健康造成的损害具有持续性和隐蔽性等特点，受害人的症状往往不明显且暂时无法用精确的计量方法反映。二审判决适用了日常生活经验法则及事实推定规则，认为钢铁制品加工、搬卸的噪声会比较严重的影响相邻院落居民正常的生活和休息，符合一般人的认知规律，而且噪声污染对身心健康造成损害，也是为公众普遍认可的。在荆某未举出反证证明其产生的噪声未对姜建某产生损害的情况下，即使姜建某尚未出现明显症状，其生活受到噪声侵扰而导致精神损害的事实也是客观存在的。二审法院系结合荆某加工钢铁制品产生噪声的时间、双方距离的远近、噪声的大小，酌情作出了由荆某赔偿姜建某精神损害抚慰金2000元的判决。

二 噪声污染的法律责任

《中华人民共和国环境噪声污染防治法》(2018年版)第61条规定：受到环境噪声污染危害的单位和个人，有权要求加害人排除危害；造成损失的，依法赔偿损失。赔偿责任和赔偿金额的纠纷，可以根据当事人的请求，由生态环境主管部门或者其他环境噪声污染防治工作的监督管理部门、机构调解处理；调解不成的，当事人可以向人民法院起诉。当事人也可以直接向人民法院起诉。

第二节 法律知识延展

《环境噪声污染防治法》（2018年版）相关内容

一 突出预防为主

环境噪声影响同城市规划和建设布局有着密切关系，规划和布局优劣会直接关系到噪声污染的程度。因城市规划和建设布局不合理而导致的环境噪声污染，只能通过重新调整布局或进行搬迁等方式解决。为此，环境噪声污染的防治必须改变单纯的点源治理的做法，转变为整体的城市区域防治。

《环境噪声污染防治法》突出预防为主，从城市规划和布局上对地方各级人民政府和城市规划部门提出噪声防治要求。该法第5条规定“地方各级人民政府在制定城乡建设规划时，应当充分考虑建设项目和区域开发、改造所产生的噪声对周围生活环境的影响，统筹规划，合理安排功能区和建设布局，防止或者减轻环境噪声污染”。第12条具体规定了“城市规划部门在确定建设布局时，应当依据国家声环境质量标准和民用建筑隔声设计规范，合理划定建筑物与交通干线的防噪距离，并提出相应的规划设计要求”。

以上两条针对建设项目和区域开发、改造所产生的噪声对周围生活环境的影响，提出预防为主的规划和设计的法律要求。这些规定对从根本上防止噪声污染有着重要意义。同时，本法第13条、第14条规定了建设项目的开发建设，必须严格执行环境影响评价和“三同时”制度，并在法律责任一章第48条规定了相应的罚则。

二 突出源头控制

我国环境噪声污染的产生，除人为活动以外，主要来自各类工业设备和产品在运行过程中发出的噪声。由于我国工业生产技术比较落后，设备比较陈旧，管理水平不高，致使各类设备和产品运行时噪声声级比较高。与国外同类产品相比，我国机电设备和产品的噪声声级平均要高5~10分贝。因此，在防治环境噪声污染上推行清洁生产，强调从源头控制具有十分重要的意义。《环境噪声污染防治法》第18条原则规定了“国家对环境噪声污染严重的落后设备实行淘汰制度”，并具体规定“国务院经济综合主管部门应当会同有关部门公布限期禁止生产、禁止销售、禁止进口的环境噪声污染严重的设备名录”“生产者、销售者或者进口者必须在国务院经济综合主管部门会同国务院有关部门规定的期限内分别停止生产、销售或者进口列入前款规定的名录中的设备”。第26条规定了“国务院有关主管部门对可能产生环境噪声污染的工业设备，应当根据声环境保护的要求和国家的经济、技术条件，逐步在依法制定的产品的国家标准、行业标准中规定噪声限值”，这一条还规定“工业设备运行时发出的噪声值应当在有关技术文件中予以注明”。这两条规定，一是建立国家对环境噪声污染严重落后设备的淘汰制度，并相应在第53条规定了罚则；二是对产生环境噪声污染的工业设备制定噪声限值标准，并要求其运行时发出的噪声值应在有关技术文件中注明。这项规定有利于市场竞争和公众监督。

三　重点防治交通运输噪声污染

随着我国经济的持续高速增长，城市道路和基础设施得到很大加强。但由于我国机动车辆拥有量近年以来以每年近百万辆的速度增长，而道路和基础设施的质量和数量均不足以承受日益增加的车流量；加上某些道路建设规划和设计失当，对车辆运行产生的噪声缺乏有效的控制，我国交通噪声污染严重状况近十年来居高不下。《环境噪声污染防治法》将防治交通噪声污染作为重点，一方面对生产、销售和使用、运行过程中的交通运输工具规定相应的噪声污染防治措施，另一方面从规划和建设上对防治交通运输噪声提出相应要求。《环境噪声污染防治法》第32条规定“禁止制造、销售或者进口超过规定噪声限值的汽车”，并在第33条规定“机动车辆必须加强维修和保养，保持技术性能良好，防治环境噪声污染”，对机动车辆噪声提出明确要求。《环境噪声污染防治法》第36条规定“建设经过已有的噪声敏感建筑物集中区域的高速公路和城市高架、轻轨道路，有可能造成环境噪声污染的，应当设置屏障，或者采取其他有效的控制环境噪声污染的措施”。在第37条规定“在已有的城市交通干线的两侧建设噪声敏感建筑物的，建设单位应当按照国家规定间隔一定距离，并要采取减轻、避免交通噪声影响的措施”。《环境噪声污染防治法》第39条和第40条分别对铁路运行和民用航空器飞行作出防治噪声污染的规定，并要求铁路部门和民航部门采取有效措施，减轻环境噪声污染。

四 重点防治社会生活噪声污染

从统计数据来看，社会生活噪声已经由占城市各类噪声源比例的30%上升至47%，广大群众对此反应强烈，尤其是对商业、饮食服务和娱乐场所等产生的社会生活噪声必须严格控制。《环境噪声污染防治法》要求充分发挥环保、公安和有关部门作用，采取比较有效的防治环境噪声污染的措施，严格控制社会生活噪声污染。

《环境噪声污染防治法》第42条规定了“因商业经营活动中使用固定设备造成环境噪声污染的商业企业，必须按照国务院环境保护行政主管部门的规定”，进行申报登记。第44条规定“在商业经营活动中使用空调器、冷却塔等可能产生环境噪声污染的设备、设施的，其经营管理者应当采取措施，使其边界噪声不超过国家规定的环境噪声排放标准。”第43条对文化娱乐场所噪声作出规定：“新建营业性文化娱乐场所的边界噪声必须符合国家规定的环境噪声排放标准；不符合国家规定的环境噪声排放标准的，文化行政主管部门不得核发文化经营许可证，工商行政管理部门不得核发营业执照。”“经营中的文化娱乐场所，其经营管理者必须采取有效措施，使其边界噪声不超过国家规定的环境噪声排放标准。”第45条规定“在城市市区街道、广场、公园等公共场所组织娱乐、集会等活动，使用音响器材可能产生干扰周围生活环境的过大音量的，必须遵守当地公安机关的规定。”第47条规定“在已竣工交付使用的住宅楼进行室内装修活动，应当限制作业时间，并采取其他有效措施，以减轻、避免对周围居民造成环境噪声污染。”

思考题

某居民区居民报告，位于其住宅楼附近一饭店每日声音嘈杂直至深夜，噪声使得该楼住户无法生活、休息。他们进行多次交涉均无结果。随后市环保局至该楼住户家中进行监测，发现测得噪声分贝虽已接近噪声标准，但均未超标，但噪声的确使人无法休息。

请问对此环保局是否可以进行行政处罚？为什么？对此居民可采取什么措施？有何法律依据？

参考文献

[1] 最高法:生态环境保护十大典型案例 [EB/OL]. https://www.cenews.com.cn/subject/2019/2019lh/a/201903/t20190302_894315.html.

[2] 四川曝光4起环境责任追究典型案例 [EB/OL]. https://www.cenews.com.cn/legal/201907/t20190710_901907.html.

[3] 污染防治设施不正常运行,车间副主任被拘留5日 [EB/OL]. https://www.cenews.com.cn/legal/fzyw/201908/t20190828_907087.html.

[4] 沈阳市生态环境局通报十起水污染环境违法典型案例 [EB/OL]. http://www.h2o-china.com/news/view?id=294138&page=2.

[5] 盘点|2017影响较大的土壤污染事件 [EB/OL]. https://www.sohu.com/a/205726671_760587.

[6] 山东法院审判之土壤污染典型案例 [EB/OL]. https://www.sohu.com/a/235173964_760587.

[7] 武汉市公布环保违法十大典型案例 [EB/OL]. http://www.hubei.gov.cn/wsbs/bsfwtis/201606/t20160606_844051.shtml.

[8] 宁波市环保局公布十大环境违法典型案件 [EB/OL]. http://epmap.zjol.com.cn/jsb0523/201809/t20180908_8218033.shtml.

[9] 中华人民共和国环境影响评价法(2018修正)[EB/OL]. http://www.mee.gov.cn/ywgz/fgbz/fl/201901/t20190111_689247.shtml.

[10] 中华人民共和国大气污染防治法(2018修正)[EB/OL]. http://fgs.mee.gov.cn/fl/201811/t20181129_676290.shtml.

[11] 中华人民共和国水污染防治法(2017修正)[EB/OL]. http://www.mee.gov.cn/ywgz/fgbz/fl/200802/t20080229_118802.shtml.

[12] 中华人民共和国土壤污染防治法 [EB/OL]. http://www.mee.gov.cn/ywgz/fgbz/fl/201809/t20180907_549845.shtml.

[13] 中华人民共和国固体废物环境防治法 [EB/OL]. http://www.mee.gov.cn/ywgz/fgbz/fl/200412/t20041229_65299.shtml.

[14] 中华人民共和国环境噪声污染防治法 [EB/OL]. http://www.mee.gov.cn/ywgz/fgbz/fl/201901/t20190111_689250.shtml.